中国政府
资产负债表
（2017）

杨志勇 主编
张　斌
汤林闽　执笔

Chinese Government
Balance Sheet in 2017

社会科学文献出版社
SOCIAL SCIENCES ACADEMIC PRESS (CHINA)

序 言
探究中国特色的政府资产负债表
促进财政治理的现代化

  2008 年美国次贷危机爆发之后，欧洲主权债务危机又接踵而至，中国会发生类似危机呢？ 社会各界比过去任何时候都更加关心中国政府到底有多强的应对债务风险的能力。 释疑需要了解中国政府的资产负债状况。 当时，对于地方债规模到底有多大，有不小的争议。 不同的假设会得出不同的结论。 唱衰者甚至认为中国债务负担会让中国崩溃，显然这不是事实，但中国到底有多强的应对债务风险能力呢？ 持续增长的财政收入有助于应对债务风险，但经常性收入毕竟首先要满足经常性支出的需要，应对历史累积起来的债务风险，在相当大程度上需要考虑政府资产因素。 资产是可以带来未来经济效益的资源，资产持续带来的收入和资产变卖的一次性收入都可以用于应对债务风险。 中国规模庞大的国有经济、国有土地和其他国有资源都可以带来巨额收入，但是政府资产到底有多大，仍然需要给出较为明确的答案。 摸清家底，是国家治理现代化的基础。 基于此，中国社会科学院财政税收研究中心启动中国政府资产负债表项目的研究。

一 编制政府资产负债表的现实意义

"普天之下，莫非王土；率土之滨，莫非王臣。"在帝王占尽天下资源的时代，帝王家也必须掌握自身可动用资源的情况，要不时地进行权衡取舍，什么可以做，什么不能做。现代社会中，政府所谓的理财实际上只是代理天下之财，所掌握的资源也只是社会资源的一部分，铺张浪费、奢靡之风，均非社会所需。现代政府更有必要了解自己的资产和负债情况。

涓涓细流，各种财政收入或者当即转化为支出，或者形成各类资产。如此，收支在预算表中就会得到体现。政府在不同时期形成的资产未来都有可能转化为政府可支配财力。由此，政府资产就成为应对不时之需的"储备"。面对各种不确定性，现代国家基本上放弃了"量入为出"的理财原则，而转向"量出为入"，这样，收支缺口的出现就非常正常。收不抵支，就有了赤字和公债。债务需要偿还。政府有多少偿债能力，除了看当期财政收入之外，还要参考政府资产状况。在经济遇到困难时，财政收入往往增长乏力，甚至负增长，但这并不意味着政府就一定要惨淡过日。往昔所积累的资产能够在这个关键的时刻助政府一臂之力。当金融风险累积到一定程度时，金融风险就可能转化为财政风险，严重时甚至酿成财政危机。因此，政府未雨绸缪，实属必要。

未雨绸缪要求财政有应对未来风险的能力。这就要求政府能预测未来风险，且对自身应对未来风险的能力有充分的了解。

政府资产负债表，可以帮助政府了解这方面的信息。 现代政府是受人民之托而成立的政府。 人民对政府的监督也需要有充分披露政府信息的载体。 政府预算可以帮助人民了解政府收支信息，政府资产负债表以及其他报表可以让人民掌握更全面的政府财务状况。 中国正在完善预算管理制度，以实现预算改革的"全面规范、公开透明"目标。 这不仅仅需要改进收支预算管理制度，而且还要构建政府综合财务报告体系。

二　编制中国政府资产负债表需注意特殊国情

中国政府资产负债表的编制尚处于试点阶段，其中存在许多需要克服的难题。 政府资产负债表的编制服从于目标，政府资产的内涵界定同样要从目标出发。 不是政府控制的资产在政府资产负债表上体现，意义不大。

政府资产负债表的编制首先因金融危机而起。 编制政府资产负债表，所要解决的是中国政府应对金融危机的能力到底有多大这一问题。 不是所有资产都是可以动用的资产。 矿产资源属于国家所有，但一方面我们无法真正掌握矿产资源的实际总数，另一方面有些矿产资源即使我们明知它在那里，也不适合开采，这样的矿产资源肯定属于国有资产范畴，但在编制政府资产负债表时需要慎重处理。 总的原则应该是，不能动用的资产即使是政府资产，也不必在政府资产负债表中体现。 现代政府所拥有的资产形式多样，中央银行作为一个特殊机构，它所拥有的资产应该怎么处理？ 中央银行发行货币，实际上是通过负债的方式扩大自己的资产。 中央银行自身的资产负债表会随着货币发行而扩张，但是，政府的实际可支配财力增加了多少，是一个不好回答的问题，因为实际可支配财力与物价水平有密切关系。 因此，中央银行资产不能被直接列入政府资产，否则可能产生误导。

土地作为自然资源，一些国家的政府资产负债表中不列示。但是，对于中国来说，土地在中国地方政府可支配财力形成中发挥着至关重要的作用，如果不列示，那么这就很容易低估政府的可支配财力。 最近 20 年，地方政府无论是建设基础设施，还是提供公共服务，都离不开土地所产生的财力。 因此，无论如何，土地都应该在政府资产负债表中得到体现。 但是，这里有一个估值问题。 不是所有的土地都值钱，不是所有的土地都能得到利用。 因此，应该有合适的方法区分不同的土地，并用合理的方法对土地进行估价。

中国国有经济规模不小。 国有企业、国有控股企业、国家参股企业的国有资产如何计算也是一个难题。 不同企业根据会计准则采取不同的资产计量方法，直接加总肯定有这样那样的问题。 但是，舍弃直接加总方法，又有什么方法可以替代呢？ 能做到用统一的方法计量，确实不错。 这样的理想状态实际上是无法达到的。 例如，同样是无形资产，有并购交易的企业就可能计算在内；没有并购交易的企业，就可能不予计算，而且即使都计算无形资产的价格，由于所采用的评估方法不同，也可能有不同的结论。 考虑到这样那样的因素，次优的直接加总计算政府资产总额的方法可能会胜出一筹。

三　采取谨慎性原则编制中国政府资产负债表

政府负债状况一直是争议很大的问题。 直接显性负债几乎没有争议，但是间接负债、或有负债、隐性负债等争议不断。间接负债在多大程度上才会传递到政府，并最终转化为政府的债务责任呢？ 这中间的传递过程，不同的间接负债可能有不同的情形，很难一刀切。 或有负债同样如此，或有负债或者转化为直接负债，或者不转化，一切皆有可能，但是转化的可能性又有多大呢？ 隐性负债可能更加复杂，潜在的债务负担首先要历经显性化过程，各种各样的计量问题都可能出现。 中国地方政府的间接负债和或有负债问题是最受关注的问题。 地方政府不直接举债，但是只要地方政府拥有地方国有企业，间接举债机制就一直存在，间接负债以及或有负债问题就会不同程度地存在。我们需要确立的是，即使地方政府没有举债的额度限制，地方层面也应有力量遏制地方政府的盲目举债冲动。 现阶段显然这一目标还没有实现，地方政府的债务问题仍然会复杂下去。 虽然我们很难一一厘清地方政府的债务责任，但是采取谨慎的做法，可以最大限度地防范债务风险，应对可能发生的金融危机。

中国亟须设计出符合自身特点的政府资产负债表框架体系，无论是从应对金融风险的角度，还是从提高财政治理的现代化水平来看，这都是应当的。 现代财政制度需要有与之匹配的良好的政府综合财务报告体系。 当下，太多的人关注地方债问题，实际上，人口老龄化所带来的养老和医疗保障问题的严重性超出社会的想象。 这意味着，社保基金的缺口问题不容小觑。 我们的研究表明，中国政府的总资产完全能够覆盖包括社保基金缺口在内的总负债，且还有较大空间。 这是我们试编制政府资产负债表的一个应用。

四　中国政府资产负债的新数据

由于数据所限，本书正文提供的中国政府资产负债表全面数据截至 2015 年。 在此，汇总整理已经公开的 2016 年相关数据，以提前与读者分享。

（一）资产方概况

1. 服务性资产概况

政府存款是主要部分。 按照中央银行的金融机构本外币信贷收支表，截至 2016 年底，财政性存款为 35,292.87 亿元，机关团体存款为 235,771.60 亿元，二者合计即政府存款达 271,064.47 亿元。

2. 财力性资产概况

国有经济中，企业的国有净资产是主要部分，但估算使用的相关数据尚未公布。 按照财政部月报《2016 年 1 ~12 月全国国有及国有控股企业经济运行情况》，2016 年 12 月末，国有企业所有者权益合计为 446,797.2 亿元，同比增长 9.2%。 所有者权益并不全部是政府资产，需扣除非国有的所有者权益，但该月报并无相关数据。 并且，该月报数据与财政年鉴中的数据有较大差异，从 2015 年的情况来看，按照《2015 年 1 ~12 月全国国有及国有控股企业经济运行情况》，2015 年 12 月末全国国有企业所有者权益为 401,378.2 亿元，其中中央企业所有者权益为 205,789.4 亿元、地方国有企业所有者权益为 195,588.8 亿元。而按照《中国财政年鉴 2016》，2015 年末全国国有企业所有者权益为 482,414.4 亿元，其中中央企业所有者权益为 206,807.0 亿元、地方国有企业所有者权益为 275,607.4 亿元。二者的数据差异为：全国相差 81,036.2 亿元，其中中央企业相差 1017.6 亿元，地方国有企业相差 80,018.6 亿元。所以，二者的差异主要在于地方国有企业所有者权益的数据。按照财政部月报的说明，其数据不包含国有金融类企业，因而财政年鉴中的数据有可能将地方国有金融类企业包含在内。

假设财政部月报《2016 年 1 ~12 月全国国有及国有控股企业经济运行情况》中提供的同比增长 9.2% 为所有者权益中各个部分的共同增长率，则 2016 年二者数据的差异也可以用 2015 年二者数据差异乘以此增长率来大致估算。同时，根据《中国会计年鉴 2016》，2015 年末全国国有企业所有者权益中的少数股东权益为 101,080.0 亿元。那么，可以计算出 2016 年末财政部月报与财政年鉴数据的差异中，中央企业所有者权益大致为 $1017.6 \times (1+9.2\%) = 1,111.2192$ 亿元，地方国有企业所有者权益大致为 $80,018.6 \times (1+9.2\%) = 87,380.3112$ 亿元；同时，2016 年末全国国有企业所有者权益中的少数股东权益为 $101,080.0 \times (1+9.2\%) = 110,379.360$ 亿元。因此，可以估算 2016 年末全国国有企业所有者权益中归属国有的所有者权益，即企业的国有净资产约为：446,797. 2 + 1, 111. 22 + 87, 380. 31 − 110,379. 36 = 424,909. 37 亿元。

金融机构的国有净资产中，2016 年末，工、农、中、建、交、国开行的国有净资产合计为 22,485. 39 亿元。 中投公司的国有净资产为 7,349. 56 亿美元，按 2016 年 12 月 31 日人民币兑美元中间价 100 美元兑 693. 7 元人民币，折合人民币共计 50, 983. 90 亿元。

资源性资产中，土地资产是主要部分。 在估算所需的相关数据中，只能从国土资源部网站上获得土地交易价格即土地出让成交价款，约为 3. 56 万亿元。 其余数据，特别是土地成本数据，未能查询到。 如果按照 2015 年的土地成本占比 79. 76%、土地出让面积 224,885. 95 公顷、土地交易面积 140,191. 44 平方公里估算，则截至 2016 年末土地资产价值约为 449,233. 01 亿元。

（二）负债方概况

1. 直接显性负债概况

国债内债。 按照财政部《2016 年中央财政国债余额决算表》数据，截至 2016 年末，国债内债的实际数为 118,811. 24 亿元。

地方政府直接负债。 按照《2016 年地方政府一般债务余额决算表》和《2016 年地方政府专项债务余额决算表》，截至 2016 年末，地方政府一般债务余额的实际数为 97,867. 78 亿元，地方政府专项债务余额的实际数为 55,296. 23 亿元，二者合计为

153,164.01 亿元。

外债直接负债。 按照《中国全口径外债情况表》，截至 2016 年 12 月末，广义政府的外债余额为 1239 亿美元，按照 2016 年 12 月 31 日人民币兑美元中间价 100 美元兑 693.7 元人民币折合，约为 8,594.94 亿元。

2. 或有和隐性负债概况

地方政府或有负债。 无法从公开渠道获得确切数据。 如果仍沿用 2014 年的数据，则为 86,000 亿元。 如果按照 2016 年 10 月 27 日发布的《国务院办公厅关于印发 < 地方政府性债务风险应急处置预案 > 的通知》（国办函〔2016〕88 号，简称"88 号文"）的有关规定，那么对于截至 2016 年末的地方政府存量或有负债，即使不考虑已经化解的部分，其总量也应大幅减少。即使按全部都是担保负债计算，政府最多也只需要承担 1/2 的总额，即 43,000 亿元。①

外债或有负债。 按照《中国全口径外债情况表》，截至 2016 年 12 月末，其他接受存款公司外债余额、其他部门外债余额和"直接投资：公司间贷款"分别为 6,042 亿美元、4277 亿美元和 2094 亿美元，按照 2016 年 12 月 31 日人民币兑美元中间价 100 美元兑 693.7 元人民币折合，约为 80,605.06 亿元。

---

① 　由于 88 号文于 2016 年 10 月出台，所以估算 2015 年数据时没有考虑该文件的影响。

六　未来的工作

近年来，已有几个研究团队致力于中国政府资产负债表的研究。不同的出发点、不同的知识结构、不同的会计假设，可能导致设计出不同的政府资产负债表框架体系。我们所设计的政府资产负债表框架体系以及所选择的方法，都是基于特定假设所选择的结果，肯定还有许多需要完善之处。本书只是抛砖引玉，让这个问题引起社会更多人的关注，以集中更充分的力量，一起把国家大账算好，为防范金融风险做好基础工作，共同推进国家治理的现代化。

仅有政府资产负债表还不足以充分判断政府的财政风险，因为不是所有资产的变现条件都一样，各项资产流动性的差异也很大。因此，综合评估财政风险，需要构建政府综合财务报告体系。政府资产负债表是整个政府综合财务报告体系中最重要的一个，必须加以重视。政府资产负债表的编制，面临数据滞后难题。这在正常时期可能不是什么大事，但在特殊时期，就可能影响判断，因此除了编制政府资产负债表之外，还应该有一套能够大致厘清资产负债表报告日之后的情况说明办法。

政府资产负债表的编制问题，有许多在国际上也尚未形成共识。只有从编制资产负债表的目的出发，我们才可能找到解决问题的合理方法。政府资产负债表的编制，既是财政问题，又是会计问题，还涉及统计问题。财政学界、会计学界、统计学界以及社会各界人士当携手共同攻关，发挥各自学科的优势，克服难题，编制出既能为社会广泛接受又符合中国社会特点的政府资产负债表。

我们相信中国政府资产负债表研究的意义重大。 我们希望读者关注数据，但也希望读者能更多地关注中国政府资产负债表编制方法的探索。 我们将持续关注这一课题，并开展相关研究成果的应用研究。 我们愿意和社会各界一起共同努力，并期待中国官方正式的政府资产负债表的公开问世，期待中国政府综合财务报告体系能够早日完善！

杨志勇　张斌　汤林闽

中国社会科学院财政税收研究中心

中国社会科学院财政学优势学科

2017 年 10 月 10 日

Contents
目　录

1 绪 论

1.1 研究背景

党的十八届三中全会通过的《中共中央关于全面深化改革若干重大问题的决定》（以下简称《决定》）指出"财政是国家治理的基础和重要支柱"，从而明确了财政在促进国家治理体系和治理能力现代化中的重要地位及作用，进一步提升了财政新定位。 在这一新的历史时期，基于新形势对中国财政进行全方位的深入把握十分必要。 结合实际来看，债务风险、财政政策和财政体制是中国财政的三个需重点关注的方面，直接关系国家治理体系的完善和治理能力的提高。

中国与其他国家有很大不同，中国政府的构成非常复杂，且拥有大量政府资产。 中国政府特别是中国政府资产对国民经济的影响大小和方式等都与其他国家有很大差别，因此中国的债务风险状况、财政政策实施和财政体制运行都有独特之处。 具体而言，**第一，2008 年金融危机以来，中国政府实施了多项措施并取得了显著成效，但大规模公共投资等措施也扩大了中国政府的债务风险。** 与其他国家不同的是，中国政府拥有规模庞大的政府资产，抗衡债务危机的能力相应也更强。 第二，大量政府资产的存在使得中国政府实施财政政策的财力基础与西方国家等其他国家相比有较大不同，因而财政政策的运作方式自然也有所差异。 第三，1994 年的分税制改革及之后的若干次调整，使政府间财政关系得到很大完善，但仍有许多应进一步改进之处，特别是与政府资产有关的方面。 可见，债务风险、财政政策和财政体制三者，与中国政府的资产和负债都有非常密切且独特的联系。

从有效应对债务风险的角度看，近年来，地方政府债务审计报告等权威的地方债资料接连公布，中国地方政府负债规模与过去相比呈现较大幅度的增加，引发了社会各界对地方债风险的担忧。 特别是自 2011 年底开始，很多国外研究机构和投资银行，借中国地方政府融资平台债务问题浮出水面且经济增长率有所下滑之机，接力式地唱衰中国；少数国际评级机构甚至据此调降了中国的主权信用级别（李扬等，2013，"前言"第 1 页），将中国的债务风险问题进一步推至风口浪尖。 但是，国内的多数担忧建立在仅考虑地方政府负债的基础上，并没有看到问题的全部；国外片面强调地方债规模和对增长速度的故意"唱衰"更是缺乏说服力。 因为政府负债只是问题的一部分而非全部，债务风险也并非只与政府负债有关。 要全面分析债务风险，除了考虑政府负债外，还应当研究政府资产。 中国政府资产的规模庞大，意味着政府掌控的可用于抵御债务风险的资源也十分庞大，因而对债务风险问题的衡量决不能仅从政府负债角度一概而论。

从准确把握财政政策的角度看，关键在于中国政府财力基础的特殊性。 从现实来看，中国政府事实上持有大量资产，其中许多资产如土地等已经、正在且将来仍会为它提供大量的收入，也就是说，政府资产已经构成政府财力基础的重要组成部分，因此中国政府的财力基础与政府资产有密切的联系。基于此，**政府在制定政策、编制预算的时候，不能忽略财力基础的这一特殊性。**过去在考虑政府财力的时候，往往只关注财政收入，而很少考虑政府资产，特别是能提供大量财力的政府资产，这不利于科学决策和全局统筹。

从体制改革的角度来看，同样有值得深思之处。1994 年实施的分税制财政管理体制改革，对中央和地方政府间财政关系做出重大调整，之后政府间财政关系得到了若干次改进和完善。但无论是分税制改革还是其后的优化调整，在中央和地方财力分配框架中，对财力的划分始终集中于税收，很少考虑矿产资源、土地、国有经济等能提供大量财力的政府资产。也就是说，大量的政府可支配财力游离于财力分配框架之外。在当前中国财政体制等体制机制正面临或正经历深化改革的大背景下，对政府资产，尤其是中央与地方间政府资产的划分等方面给予更多关注，很有必要。

1.2 研究的必要性

1.2.1 客观现实方面：中国当前尚无真正意义上的政府资产负债表

一般的，政府资产负债表属于政府财务会计体系的范畴，是财务报表中最重要的一个部分，其本质作用在于全面、完整、准确地反映政府的资产负债状况，从而尽可能为使用者提供足够质量和数量的相关信息。

当前，中国还未完全建立政府财务会计制度体系。 在 2012 年之前，中国长期实行由《财政总预算会计制度》（财预字〔1997〕287 号发布）、《行政单位会计制度》（财预字〔1998〕49 号发布）、《事业单位会计制度》（财预字〔1997〕288 号发布）和《事业单位会计准则（试行）》（财预字〔1997〕286 号发布）构成的预算会计制度（以下合称"旧预算会计制度"）。[①] 许多已有研究指出，这种预算会计制度存在诸多缺陷，特别是对资产和负债状况的反映很不全面。

赵建勇（1999）认为，在旧预算会计制度下政府资产负债表未包括实物资产，并且三方面（总预算、行政单位、事业单位）产生的资产负债表没有合并，政府的资产负债表与政府所属非营利组织的资产负债表不混合编制。 因此，在旧预算会计制度下的资产负债表没有完整地反映政府的整个财务状况。

陆建桥（2004）认为，旧预算会计制度没有充分反映出政府部门以及行政事业单位的资产负债状况，主要表现在四个方面：一是许多存货没有被确认为资产，也没有被反映在资产负债表中；二是按照旧预算会计制度的规定，所有固定资产都不计提折旧，从而资产虚增；三是对权益性对外投资的处理存在缺陷，导致大量对外投资没有被作为政府资产确认，并致使净资产虚减；

---

① 也有学者认为这种会计制度连预算会计制度都称不上。

四是许多已经发生但并未支付，而是需要在以后时期支付的现时义务应当被确认为负债，却未得到确认。

张国生（2006）也指出了旧预算会计制度下资产负债表的缺陷：一是对资产和负债的确认和披露颇不完整；二是静态报表的内容与收入支出表有许多重复，虚增了资产总额；三是对许多负债，比如或有负债、政府承诺的事项等都未确认，也未披露。

李建发等（2006）认为，旧预算会计制度下政府财务状况的披露不充分，一是由于不提折旧也未进行资产重估等，固定资产发生了严重的价值背离；二是由于政府债务没有得到充分反映，特别是社会保障等隐性债务；三是由于国有企业的产权、收益权等信息未得到反映；四是由于汇总合并方式不合适，遗漏许多信息。

余应敏、王曼虹（2010）从财政透明度的视角指出旧预算会计制度下政府资产负债表的缺陷。一是存货没有被包含在资产中，从而未在资产负债表中得到反映；二是总预算会计未涉及许多隐性债务；三是许多固定资产的确认、计量等存在缺陷，没有反映真实情况；四是缺少被明确界定的政府股权信息。

由上述已有研究可知，旧预算会计制度下的政府资产负债表存在诸多缺陷，无法全面反映政府资产负债状况，不能满足使用者的需要。2012 年开始，中国对旧预算会计制度进行了一系列调整和更新，陆续出台并实施了一整套新的预算会计和财务制度（以下合称"新预算会计制度"）。包括 2012 年实施的《事业单位财务规则》（财政部令 2012 年第 68 号），2013 年实施的《事业单位会计制度》（财会〔2012〕22 号发布）、《行政单位财务规则》（财政部令 2012 年第 71 号）、《事业单位会计准则》（财政部令 2012 年第 72 号），2014 年实施的《行政单位会计制度》（财库〔2013〕218 号发布）以及 2016 年实施的《财政总预算会计制度》（财库〔2015〕192 号）等。其中，《事业单位会计制度》、《行政单位会计制度》、《事业单位会计准则》、《事业单位财务规则》和《财政总预算会计制度》是对既有相应制度文件进行修订后得到的，《行政单位财务规则》则是新制定实施的。也就是说，2012 年以来，旧预算会计制度下的相关会计制度都得到了最新的调整。

新预算会计制度虽然较旧预算会计制度有了不小的改进，弥补了它的一些不足，但依然属于预算会计的范畴，仍然难以克服后者在反映政府财务状况方面的内在缺陷。正如《国务院关于批转财政部权责发生制政府综合财务报告制度改革方案的通知》（国发〔2014〕63 号）指出的那样，预算会计制度下的决算报告制度"无法科学、全面、准确反映政府资产负债和成本费用，不利于强化政府资产管理、降低行政成本、提升运行效率、有效防范财政风险，难以满足建立现代财政制度、促进财政长期可持续发展和推进国家治理现代化的要求"。因此，新预算会计制度的实行，并没有从根本上解决预算会计制度对政府财务状况，尤其是资产负债状况反映能力薄弱的问题。

除了预算会计制度外，中国从 2010 年起开始实施"权责发生制政府综合财务报告"试编工作。应该说，这是中国政府财务会计领域的很好的改革尝试，但从具体的试编规则看，依然存在许多缺陷和需要进一步改进的地方。尤其是与政府资产和政府负债相关的试编规则，存在定义不清、概念模糊、原则不明等诸多问题，从而在很大程度上限制了试编政府综合财务报告反映政府资产负债状况的效果。

综上所述，中国目前还没有真正意义上的政府资产负债表，这就意味着缺乏现实渠道来获取全面的政府资产负债相关信息，甚至就连政府本身也不确切明了自己所持有资产和所承担负债的状况。这对于考察债务风险、把握财政政策优化、促进财政体制改革的深化等是尤其不利的。

1.2.2 理论研究方面：缺乏对中国政府资产负债表全面、深入、系统的研究

前文已经阐明了中国政府资产和政府负债对于中国政府应对债务风险、实施财政政策和深化财政体制改革的重要性。目前，中国政府资产和负债的范畴、规模和存在领域，及其在国民经济中的地位和影响等都不是很明晰，需要进一步研究。同时，从政府会计的角度看，政府资产和政府负债是密切联系、不可分割的两个范畴，是同一个问题的两个方面。无论是单独分析政府资产还是单独分析政府负债，都很难研究全面和透彻。因此，必须将二者置于共同框架之下同时考察，才能得到比较准确的结论。自然地，这样的共同框架就是政府资产负债表。

但是，从当前理论界的研究和社会的普遍认识来看，政府负债得到了高度重视，但政府资产、政府资产负债表尚未得到足够的关注。无论是学界还是政府，对于政府资产和政府资产负债表的认识都还不够到位，存在若干误区。长期以来，**一些重要**

的基本问题如政府资产与负债的定义、内涵，尤其是政府资产的定义、内涵等，大多数已有研究未深入分析过，导致这些重要问题模糊不清、似是而非。 近年来，相较于政府资产负债表，学界对与之联系密切但本质上不同的另一范畴，即国家资产负债表的关注更大，研究也更深入。 但已有关于国家资产负债表的研究，同样都未深入分析这些重要问题。① 可见，考察债务风险、财政政策和财政体制的理论基础并不牢固，具有内在缺陷，有不少需要进一步完善的地方，面临着相当大的困难和挑战。在此背景下，**必须结合中国的现实性和特殊性进行相应的深化和拓展，对中国政府资产、政府负债和政府资产负债表开展铺垫性、前瞻性的深入研究。**

1.2.3　国家资产负债表和政府资产负债表辨析

自 2008 年国际金融危机以来，国内学者逐渐加大了对国家资产负债表的研究力度。 特别是由曹远征、马骏和李扬分别牵头的三个研究团队，各自从不同的侧重角度对国家（主权）资产负债表进行了研究，极大地拓展了中国国家资产负债表的研究深度和广度，将中国国家资产负债表的相关研究推到了一个新的高度，取得了迄今最具代表性的研究成果。 三个团队后来又在不同程度上深化和拓展了各自的研究。 其他一些研究机构、团队也陆续参与到对国家资产负债表的相关研究之中。

在这一过程中，**社会各界包括学界产生了一些关于国家资产**

---

① 后文有详细的相关论述。

负债表和政府资产负债表的较具普遍性的误解：有的认为国家和政府是一回事，从而国家资产负债表就是政府资产负债表；有的认为从部门上看，国家由包括广义政府部门在内的多个部门组成，因而国家资产负债表包含政府资产负债表，广义政府部门资产负债表可以替代或者等同于政府资产负债表；还有的虽然不认为国家资产负债表等同于政府资产负债表，也不认为国家资产负债表包含政府资产负债表，但是认为已有的国家资产负债表研究十分深入，相关结论已经可以满足所有需要，不需要再专门对政府资产负债表进行研究。对此，本书认为，有必要对国家资产负债表和政府资产负债表进行相应的辨析。

1.2.3.1 国家资产负债表与政府资产负债表的区别：易被混淆的两个概念

国家资产负债表与政府资产负债表是本质上相互不同的两个概念。但是，中国是以社会主义公有制为主体的国家，且实行过计划经济体制，导致"国家"和"政府"这两个词在中国很容易被认为是非常相近甚至内涵相同的概念。例如，"国家实施宏观调控"和"政府实施宏观调控"这两个表述在许多人看来就是可以互换的等价的表述，他们认为这两个表述中的"国家"和"政府"具有一致的内涵。类似的例子还有许多。应该说，在中国的现实生活中，不论是作为名词还是作为形容词，在许多场合、许多情景中，"国家"和"政府"都是"被认为可以通用"[①]

---

① 所谓"被认为可以通用"是指至少在不深究或不十分严格的前提下可以通用,或者通用一般不会引发严重的后果。

的。不仅如此，在许多场合、许多情景中，包括这两个词的语句或词组也是"被认为可以通用"的，如前例"国家"或"政府"的宏观调控。这种两个词"被认为可以通用"的情况，尤其是包括这两个词的语句或词组"被认为可以通用"的情况一旦被不恰当地扩大甚至滥用，就容易引起概念上的混淆甚至曲解，国家资产负债表和政府资产负债表就是一个典型的例子。因为"国家"和"政府"这两个词在许多情况下"被认为可以通用"，所以包含这两个词的"国家资产负债表"和"政府资产负债表"两个概念往往被混为一谈。值得一提的是，还有一对相关的概念"国家所有"和"政府所有"，同样因为含有"国家"和"政府"这两个词而容易被混淆。这对概念与本书的分析也有重要的关系，这里有必要先指出，详细情况于后文阐述。

由于国家资产负债表和政府资产负债表容易被混淆，因此需要先厘清二者的区别。第一，两者的所属范畴和主体范畴不同。国家资产负债表又称国民资产负债表，即"National Balance Sheet"，是国民账户体系（System of National Accounts，SNA，也翻译作"国民经济核算体系"）中的重要内容，其概念、框架、核算等应遵循国民经济核算体系的相关规定，可以认为主要属于宏观统计的范畴。政府资产负债表即"Government Balance Sheet"，是政府会计领域的重要内容，其概念、框架、核算等应遵循政府会计的相关规定，可以认为主要属于微观会计的范畴。国家资产负债表的主体范畴是整个国家，不仅包括政府，还包括公司和住户等主体。政府资产负债表的主体范畴主要限于政府，虽然一部分在国家资产负债表下属于公司、住户或非营利机构的主体，应当归入政府的范畴，但总体上看，政府资产负债表主体的范畴远远小于国家资产负债表主体的范畴。

第二，两者适用的规则不同。 国家资产负债表具有国际上较为普遍认可的权威的适用规则，即由联合国等国际组织编写的《国民账户体系》，最新的版本是《国民账户体系 2008》（以下简称"SNA2008"）。 政府资产负债表一般不采用《国民账户体系》作为适用规则，也不具有国际上较为普遍认可的权威的适用规则。 各个国家采取的政府会计准则等会计相关制度不尽相同；有的国家甚至中央和地方也实施不同的会计相关制度，如美国联邦政府实施的会计准则与州和地方政府实施的会计准则就不一样，两套会计准则甚至由两个不同的机构制定。 虽然也存在由国际组织编写的、希望能够实现国际通行的会计准则，即国际会计师联合会（International Federation of Accountants，IFAC）下设的独立的准则制定机构国际公共部门会计准则理事会（International Public Sector Accounting Standards Board，IPSASB）制定的国际公共部门会计准则（International Public Sector Accounting Standards，以下简称"IPSAS"），但这套准则的影响力、普适性和推广程度都远远不及国民账户体系。 只有部分国家认可 IPSAS，一些国家如美国完全不采用 IPSAS。 认可 IPSAS 的国家对于 IPSAS 的采用程度和采用方式也有很大不同。 因而，从国际上看，政府资产负债表并没有统一的适用规则。

第三，两者的定义、框架等的统一性不同。 国家资产负债

表具有统一的确定的定义。 按照 SNA2008，"资产负债表是在
某一特定试点编制的、记录一个机构单位或一组机构单位所拥有
的资产价值和承担的负债价值的报表"（联合国等编、中国国家
统计局国民经济核算司等译，2012，第296页），国家资产负债
表就是一个经济体（一般是国家）的资产负债表。 并且，在国
民账户体系这个统一的体系下，国家资产负债表的框架、资产负
债类别乃至具体的资产负债项目都是基本一致的。 政府资产负
债表目前尚未有统一的确定的定义，虽然不同政府会计相关制度
下政府资产负债表的内涵大体上没有根本性的差异，但也并没有
形成统一定义。 而不同政府会计相关制度下的政府资产负债表
框架，主要是政府资产负债的类别、项目等则有非常大的差异。
进一步的，国家资产负债表的定义与政府资产负债表的内涵并不
完全相同，至少作为国家的经济体与政府就是不同的范畴；国家
资产负债表的框架与政府资产负债表的框架也不一样，国家资产
负债表对资产负债类别的划分以及国家资产负债表中的资产负债
项目，与政府资产负债表对资产负债类别的划分以及政府资产负
债表中的资产负债项目都有不同。①

1.2.3.2 国家资产负债表与政府资产负债表的联系：相互交叉、互为补充

除了上述区别外，**国家资产负债表与政府资产负债表之间还
具有十分密切的联系。** 第一，国家资产负债表与政府资产负债
表在主体、内容、资产负债表项目等方面存在交叉。 特别是在

---

① 具体可见后文分析。

主体方面，国家资产负债表的主体范畴包含政府资产负债表的所有主体范畴，即所有政府资产负债表的主体事实上都在国家资产负债表主体的范畴之中。 在国民账户体系下，有所谓的一般政府部门（General Government Sector，也翻译作"广义政府部门"），它由几种常住机构单位组成：一是所有的中央、省级或地方政府单位；二是所有政府单位控制的非市场非营利机构，即所谓非市场 NPI；三是社会保障基金，无论该基金是作为机构单位还是作为中央、省级或地方政府的一部分。 该部门不包括公营公司，即使当政府单位持有此类公司全部所有者权益时也是如此；该部门也不包括政府单位拥有或控制的准公司。 但是，一般政府部门包括政府单位持有的、不属于准公司的非法人企业，因为它们仍是政府单位不可分割的一部分（联合国等编、中国国家统计局国民经济核算司等译，2012，第 91 页）。 可见，国家资产负债表中，一般政府部门的主体范畴，涵盖了大多数政府主体，政府资产负债表的主体应当有很大一部分是包含在一般政府部门中的。 至于政府资产负债表主体中不包括在一般政府部门中的主体，也依然会被涵盖在国家资产负债表下其他部门的主体范畴中。 类似的，在内容和资产负债项目方面，国家资产负债表与政府资产负债表也存在许多交叉。

第二，国家资产负债表与政府资产负债表的基础具有内在一致性。 前文已述，国家资产负债表可以认为主要属于宏观统计的范畴，政府资产负债表则可以认为主要属于微观会计的范畴，因此，宏观统计与微观会计之间的关系也适用于这二者。 事实上，宏观统计数据的微观基础主要是会计数据，包括企业会计数据和政府会计数据，所以国家资产负债表与政府资产负债表的数据来源具有内在一致性，甚至政府资产负债表的许多数据就是国家资产负债表数据的基础来源，只是在反映到国家资产负债表的过程中经过了统计所要求的调整。

第三，国家资产负债表与政府资产负债表互为补充。 二者从不同侧重点和范畴实现了对主体的资产负债等状况的记录和披露。 国家资产负债表注重的是整个经济体的资产负债状况，而非单单关注政府，因此国家资产负债表的特点是全面、宽泛，较少依据某个部门或某些机构单位的特征进行调整；国家资产负债表所反映的内容也主要体现出普适性原则，其中各个部门资产负债的分类和项目都是统一的。 这样，国家资产负债表在对政府资产负债状况的反映方面，一定程度上就显得不够深入和详细。而政府资产负债表则相反，它只关注政府，注重的是政府的资产负债状况，因此对政府资产负债状况的反映，比国家资产负债表更加深入且细致。 基于国家资产负债表反映的内容，可以获得政府主体资产负债的宏观统计数据，及其在经济总体中的相对状况，而基于政府资产负债表反映的内容，则可以获得政府资产负债的微观会计数据，以及国家资产负债表没有反映出的其他信息。

1.2.3.3 国家资产负债表不能替代政府资产负债表

前文已论述，国家资产负债表的主体范畴包含政府资产负债表主体的范畴，那么国家资产负债表下的政府部门资产负债表，是否可以等同或替代政府资产负债表呢？

答案是不能。 最重要的理由是国家资产负债表下的政府部

门资产负债表，并未全面反映政府的资产负债状况。负债最为
典型，SNA2008 原文提到"SNA 认为没有非金融负债，因此负
债一词仅指金融负债"（联合国等编、中国国家统计局国民经济
核算司等译，2012，第 48 页），并提到"一般而言，SNA 包括
（合法）负债和推定负债，但不包括或有负债。标准化担保是
个例外……"（联合国等编、中国国家统计局国民经济核算司等
译，2012，第 49 页）。也就是说，在整个国民账户体系中，或
有负债是应当被排除在外的（除了标准化担保外），因而在国家
资产负债表中或有负债自然是被排除在外的。然而，或有负债
是政府负债的重要组成部分已经基本上是学界的一个共识，并且
现实中政府的确有大量或有负债，这在中国地方政府负债中体现
得尤其明显。因此，国家资产负债表对政府负债状况的反映是
不全面的。

资产方面也有类似问题。国家资产负债表是按照部门划分
的，对于一国内部来讲，就是有非金融公司、金融公司、一般政
府部门、住户以及为住户服务的非营利机构五个部门。
SNA2008 原文提到："每个常住机构单位都要归属于五个机构部
门中的某一个且唯一一个部门"（联合国等编、中国国家统计局
国民经济核算司等译，2012，第 72 页）。按照这个逻辑，可以
合理地推论出，在国家资产负债表中，每一个常住机构单位的资
产负债，也都应随这些单位归属于五个机构部门中的某一个且唯
一一个部门。显然，基于此，对国有企业的国有净资产的处理
就面临两难抉择：按照机构部门的分类，国有企业的国有净资产
应该归属于公司部门的资产，不属于一般政府部门的资产；但是

从国有资产的范畴看，这显然又应当是政府资产。 这样，在国家资产负债表的框架下考虑政府资产的问题时，对国有企业的国有净资产的处理很容易造成政府资产的遗漏，从而难以全面反映政府资产状况。

另一理由是，已有关于国家资产负债表的研究，也并非完全依照国家资产负债表的框架和规则来进行，有的研究甚至突破了一般政府部门资产负债表的界限，这从一个侧面说明了国家资产负债表无法替代政府资产负债表，特别是在涉及中国政府资产负债的时候。 以李扬团队的研究为例，他们在研究和评估中国主权债务风险时，并没有直接基于一般政府部门资产负债表进行分析，而是基于国家资产负债表的框架，重新构建了所谓主权资产负债表进行分析，而主权资产的主体范畴随他们研究的持续而不断变化，依次为：政府（中央与地方）、国有或国有控股金融机构（包括央行）、非金融国有企业（李扬等，2012a）；中央政府、地方政府、国有非金融企业、中央银行以及国有金融企业（李扬等，2013，第23页）；中央政府、地方政府、国有非金融企业、行政事业单位、中央银行以及国有金融企业（李扬等，2015，第209页）。 显然，**这三个主体中任何一个主体的范畴，都超过了一般政府部门的框架**。

1.2.3.4 已有国家资产负债表研究存在需要改进和完善之处

国家资产负债表（National Balance Sheet，也称国民资产负债表）并不是新生事物，但长期以来国民资产负债表方法（即Balance Sheet Approach，BSA）仅作为一种统计方法进入人们视野（李扬等，2012a）。 直到20世纪末，随着亚洲金融危机等一系列货币危机出现了许多新的特征，很多国外学者才开始重视从国家资产负债表的角度，运用 BSA 等方法来研究危机（刘锡良、刘晓辉，2010）。比较典型的研究主要有 Allen 等（2002）、Gray 等（2006）、Haim 和 Levy（2007）等。2008 年全球金融海啸爆发以来，应用 BSA 和国家部门资产负债表数据展开的研究已经形成重要流派（李扬等，2012a）。

国内的代表性研究为由曹远征、马骏和李扬分别牵头的三个研究团队的研究。曹远征等（2012）、马骏等（2012a）和李扬等（2012a、2012b）是这三个团队最初发表的研究成果。在这几份最初成果中，三个团队分别独立地完成了对中国国家资产负债表和中国主权资产负债表的讨论。比较而言，曹远征等（2012）和马骏等（2012b）更加遵从国家资产负债表的分析框架；而李扬团队事实上已经意识到了中国政府资产负债的特殊性，因而李扬等（2012a、2012b）将分析集中于主权资产负债表，不完全拘泥于国家资产负债表的框架。曹远征等（2012）的侧重点在于分析国家资产负债表框架下各部门的负债和风险转移；马骏等（2012b）更加全面地估算了中国国家资产负债表的规模，并从多个方面对债务可持续性进行了分析；李扬等（2012a、2012b）则重点讨论了主权资产负债表的框架、规模，并以此为基础分析了中国主权资产负债表的风险情况。

马骏等（2012b）、李扬等（2013、2015）则是这两个团队的后续最终成果和持续跟踪研究成果。马骏等（2012b）是马骏团队在之前研究基础上通过调整补充形成的最终成果。在最终成果中，他们完善了对国家资产负债表的估算，比如增添了对国有企业资产负债表的单独估算，反映了他们对中国政府资产负债情况具有特殊性的现实情况的考虑；补充了多个专题，从而更加全面地反映了政府债务的可持续性和中国国家资产负债表的实际运用潜力。 李扬等（2013、2015）是李扬团队的持续跟踪研究成果。在这两份跟踪研究成果中，李扬团队一方面完善了对国家资产负债表的估算，从而将分析框架从最初成果中的单独的主权资产负债表分析框架扩大到整个国家资产负债表的大框架，拓展了分析的广度和深度；另一方面分别确定一个关注点，围绕该关注点组织若干相关专题进行深入讨论，从多个方面深化了国家资产负债表研究。

上述三个团队的研究，尤其是对政府债务风险、政府债务可持续性等重大问题的分析取得了许多重要成果。 总的来看，**目前对中国国家资产负债表本身的研究已经取得了很大进展，但仍然存在进一步深化和改进的广阔研究空间。**

但是，**对与债务风险、政府债务可持续性分析相关的一些重要的基本问题如政府资产的定义、内涵等，几乎均未进行深入考察和充分论证，以及给出清晰的界定，因而在一定程度上缺乏坚实的基础，容易引发争议，削弱了相关研究结论的说服力。** 在最初成果中，李扬等（2012a）对主权资产概念的论述较简略，将主权资产和主权负债仅仅表述为："主权资产负债表中的主权资产是指政府拥有或控制的资产，包括其它可动用的资源；主权负债是政府的直接负债以及隐性担保所产生的或有负债。"这就是一个相对模糊的界定，对主权资产的定义中所谓"拥有或控制"特别是"控制"是指什么，没有进一步详细说明；对主权负债的定义则更像是一个分类，只是说明了主权负债所包含的项目（当然这也是一种界定），但实际上并没有清楚地定义什么是负债，并未进一步解释其中的相关概念。而曹远征等（2012）、马骏等（2012a）对于政府资产和政府负债都没有给出定义，只是说明了一下具体的资产项目和负债项目，也未阐述将对应资产作为政府资产考虑的理由。在最终成果和持续跟踪研究成果中，马骏等（2012b）和李扬等（2013、2015）也都没有对相关概念的定义、范畴和内涵等做进一步的深入讨论。此外，如果从政府资产负债表的角度看，已有研究对一些政府资产负债的处理方式、核算方法和数据选择也还有可以改进的地方。总之，这些研究在政府资产的定义、内涵等重要的基本问题上并未达成一致，也很少进行深入的讨论，客观上要求从相关方面进一步展开系统性论证、深化和完善相关研究。

1.3 主要研究内容、研究方法和创新

本书将充分吸收和借鉴国内外各种相关研究和资料，并结合中国实际，对中国政府资产负债表进行全面、系统的分析和讨论。**本书首先构建中国的政府资产负债表理论框架，然后在此基础上估算中国政府资产负债表的规模，最后对中国资产负债表进行分析，包括研判债务风险等。**本书的研究不仅可以为中国未来有效应对债务风险、合理实施财政政策、加快财税体制改革、增强国有经济活力提供参考，而且可以为全面深化经济体制改革、处理好政府与市场间的关系、推进经济结构战略性调整提

供有力的支持。

本书的主要内容包括三方面。 一是详细考察了中国政府资产等重要概念的定义、范畴和内涵；结合相关研究和中国实际，构建了中国政府资产负债表的理论框架；并详细估算了 2010 ~ 2015 年中国政府资产负债表的规模。 二是运用建立的中国政府资产负债表理论框架和估算的资产负债规模，从多个角度、层次，基于各种可能性，对中国政府 2010 ~ 2015 年的资产负债表进行了分析。 三是基于所讨论的中国政府资产负债表及相关内容，对中国地方政府资产负债表进行了探索。

本书的创新体现在三个方面。 一是对政府资产、政府负债以及政府资产负债表进行了广泛而深入的讨论，厘清了一些基本概念和基本问题，夯实了未来研究的理论基础。 二是从完整的政府资产负债表的角度，既比较充分地考虑了应归属于政府负债的各种债务的规模和影响，又比较完整地考虑了政府控制的可用于抵御债务风险的各种存量资源，对中国政府的债务风险进行了比较全面的分析和判断。 三是探索了中国地方政府资产负债表的编制和分析，能够为有关改革提供有益的参考。

中国政府资产负债表的理论框架 2

2.1 中国政府资产负债表相关
概念的考察和界定

构建政府资产负债表，需要考察的主要内容包括：政府资产的定义和内涵，政府负债的定义和内涵，政府资产负债表中的具体政府资产项目、政府负债项目，以及政府资产和政府负债的分类等。 这些内容可以分为两个层面：一是政府资产负债表的相关重要概念，如政府资产的定义和内涵、政府负债的定义和内涵等；二是政府资产负债表的框架，如政府资产负债表应反映的具体的政府资产项目、政府负债项目，政府资产和政府负债的分类，政府资产负债表的结构等。 本节在此考察并界定政府资产负债表的相关重要概念。

2.1.1 概念界定相关原则

本书首先基于国家资产负债表，来考察和界定政府资产负债表的相关重要概念。 但依前述，国家资产负债表反映的内容远远超出政府的范畴，同时其框架内的政府部门资产负债表，又不能够全面反映政府的资产负债状况，这就使得仅仅基于国家资产负债表，很可能无法全面准确地界定政府资产负债表的相关概念和范畴，因此必须结合其他有关资料和参考，才能获得比较理想的结论。 基于此，**本书设立界定政府资产负债表相关概念的原则：** 在国家资产负债表的基础上，充分借鉴和结合其他各方面重要的有关资料和参考，全面对比、综合考虑，尽可能对政府资产负债表的相关重要概念做出合理、可行的界定。

2.1.2 政府资产定义和相关范畴的考察和界定

2.1.2.1 国家资产负债表中的政府资产定义

SNA2008 并未给出政府资产的直接定义，但给出了对资产的定义："资产是一种价值储备，代表经济所有者在一定时间内通过持有或使用某实体所产生的一次性或连续性经济利益。 它是价值从一个核算期向另一个核算期结转的载体。"（联合国等编、中国国家统计局国民经济核算司等译，2012，第 48 页）。

其中，所谓经济所有者，是指"由于承担了有关风险而有权享有该实体在经济活动期间内运作带来的经济利益的机构单位"（联合国等编、中国国家统计局国民经济核算司等译，2012，第48 页）。 所谓经济利益，则是指"可以视为提供服务——例如投入生产的那些劳动和资本服务——的报酬，也可以视为获得货物服务——用于当期或未来的生产、消费或积累——的手段"（联合国等编、中国国家统计局国民经济核算司等译，2012，第35 页）。

SNA2008 还特别提到"当政府代表整个社会拥有某实体的法定所有权时，代表整个社会的政府也享有其经济利益。 这样，政府既是这些实体的法定所有者也是其经济所有者"（联合国等编、中国国家统计局国民经济核算司等译，2012，第48 页）。

由此，可以认为，**国家资产负债表中的政府资产的定义是：一种价值储备，代表政府在一定时间内通过持有或使用某实体所产生的一次性或连续性经济利益。**

2.1.2.2 其他有关参考中的政府资产定义

按照前述概念界定的相关原则，在国家资产负债表的基础上，还需要多方面考察国内国外其他有关参考，进行全面对比和综合考虑。 就政府资产负债表的构建而言，其他可资借鉴的资料主要包括两个方面：国际方面，国际货币基金组织（IMF）政府财政统计中的有关内容、国际政府财务会计准则的有关内容；国内方面，预算会计制度下的有关内容、《政府会计准则——基本准则》中的有关内容以及相关研究中的有关内容。

（1）IMF 政府财政统计中的政府资产定义

IMF 政府财政统计的主要资料是《政府财政统计手册》，目前最新的版本是 2014 版（以下简称"GFSM2014"）。 这一经过最新修订的 GFSM2014，与包括 SNA2008 在内的其他宏观经济统计手册和指南存在一致性。 表现在对资产的定义方面，GFSM2014 对资产的定义与 SNA2008 对资产的定义几乎完全一致："资产是一种价值储备，代表经济所有者在一定时期内通过持有或使用某实体获得的一次性或连续性经济利益。"（IMF，2015，第172 页）因此，**IMF 对政府资产的定义可以被视作与国家资产负债表对政府资产的定义一致，不需考虑。**

（2）国际政府财务会计准则中的政府资产定义

从影响的广泛性和代表的典型性考虑，在国际政府财务会计准则方面，本书主要参考国际公共部门会计准则（前文已述，以下简称"IPSAS"）和美国联邦财务会计概念和准则（Federal Financial Accounting Concepts and Standards，以下简称"FFACS"）。前者由 IPSASB 制定，"正在为世界越来越多的国家所采用、趋同、协调或作为本国政府会计改革的重要参考"（国际会计师联合会编，2009，"出版说明"）。后者由美国的联邦会计准则咨询委员会（Federal Accounting Standards Advisory Board，以下简称"FASAB"）制定，是美国联邦政府采用的会计准则。这两者对政府资产负债表相关概念的定义、范畴等均做了详细的阐述和说明。

一些观点认为 IPSAS 很有参考意义，"代表着公共部门主体财务报告领域的国际先进实务"（国际会计师联合会编，2009，"出版说明"）。而美国著名政府会计专家陈立齐教授（James L. Chan）认为 IPSAS 的参考意义有限，特别是对政府的特殊性考虑不足，因为它"基本上是对国际企业会计准则稍微修改而成的，美国政府会计准则得益于对企业和政府之间差异的严格考量"（陈立齐著，陈穗红、石英华译，2009，第 3 页）。因此，对于本书来说，在参考 **IPSAS 与 FFACS** 时并没有预先的偏向性，而是以二者哪一个更加符合中国实际或更贴近本书需要为准。

IPSAS 对资产的定义是"作为过去事项的结果而由主体控制，并且其所带来的未来经济利益或服务潜能被预期会流入主体的资源"（国际会计师联合会编，2010，第 30 页）。 但对于"未来经济利益"和"服务潜能"的内涵，IPSAS 是通过解释"包含未来经济利益"和"包含服务潜能"给出的。 其中"包含服务潜能"一般是指资产并不是用来直接产生净现金流，而是用来根据主体的目标提供货物和服务；而"包含未来经济利益"正相反，一般是指资产用来产生净现金流量（国际会计师联合会编，2010，第 32 页）。 FFACS 对政府资产的定义则较为简洁，认为资产是一项资源，该资源包含"由联邦政府所控制的经济利益或者服务"（FASAB，2010，第 184 页）。 比较可知，二者对政府资产的定义都包含一个关键要素，即"控制"。

IPSAS 对"控制"的解释是通过对"控制一项资产"的解释给出的，认为当某一主体在实现其目标时能够使用一项资产，或者能够从这项资产当中获得利益；同时，该主体还能排除或制约其他主体从该资产中获利之时，就产生了对这一项资产的控制（国际会计师联合会编，2010，第 684 页）。 并强调排除或制约其他主体从该资产中获利的能力，是将一项主体的资产从所有主体都能够从中获利的公共产品中区分出来的基本要素（国际会计师联合会编，2010，第 692 页）。

FFACS 对"控制"的解释是通过对"由联邦政府控制"的解释给出的，包括非常丰富且详细的内容（FASAB，2010，第 187～189 页）。

①一项资产的第二个本质特征是"控制"，是指联邦政府能够获取一项资源中所包含的经济利益或服务，并且能够禁止或制约其他主体对这些经济利益或服务的要求权。 政府有可能并未

主动运用控制。 然而，一旦政府具备了运用控制的能力，那么对应的资源就是政府的一项资产。

②在运用对经济利益或服务的控制中，依赖于资源的类型，政府可能持有该资源，交换该资源，使用该资源以获得现金、现金等价物、商品或服务，为其他主体对该经济利益或服务的使用要求一个价格，或使用该资源来清偿负债。

③许多资源都受某种法律约束或其他外部约束，比如公共土地受到"保存要求"的限制。 这些对资源使用的限制并不会导致政府对这些资源包含的经济利益或服务的控制失效。

④联邦政府对包含于一项资源中的经济利益或服务的要求权的控制，通常来源于法律权利，且可能被地契、合同、占有物或其他保护政府利益的手段所证实。 然而，一项权利的法律强制性并不是建立对经济利益或服务的要求权的先决条件，因为政府可能能够以其他方式实行控制。

⑤一项资源的占有权或所有权通常涵盖对包含于该资源中的经济利益或服务的要求权的控制，但这并不是全部的情形。 然而，对要求权的控制是一项资产的一个本质属性，而占有权或所有权不是。 例如，政府可能批准一个主体充当自己的代理机构，对代售商品进行物理占有，但政府保留接收相应销售获利的权利。 该商品是政府的一项资产，因为政府控制了对包含于该商品中的经济利益的要求权。 该代理机构有着对该商品的物理占有，但它不是该代理机构的资产，因为该代理机构并未控制对相应经济利益的要求权。 同样，通过租约安排，政府可能控制它自身并不所有的资源中所包含的经济利益或服务的要求权。

⑥有时，联邦政府不能控制它自身从一项资源中获得的经济利益或服务，因为它不能禁止或制约其他主体（对该经济利益或服务）的要求权。 在这种情况下，该资源就不满足作为联邦政府一项资产的定义。 公共物品就是一个例子。 公路为使用它们的主体提供经济利益。 然后，这些主体仅仅有能力去控制对它们的使用，或通过通行费或其他限制来制约其他主体对它们（公路）的使用。 类似的，自然资源，比如空气和水，当联邦政府仅仅同其他主体一起拥有对它们（指空气和水）的一般要求权时，它们（空气和水）就不满足作为联邦政府一项资产的定义，哪怕政府已经承担了成本以帮助清洁环境。

⑦联邦政府从现金或信用交易中获得其他的大多数资源。政府可能以同其他资源相交换的方式，或者以同一项转移资源的义务相交换的方式，或者以未来提供服务的方式获得资源；或者资源可能产生于政府权力的运用，如征税、惩罚、罚金和没收财产。 政府资源也可能通过积淀或发生这样的事项产生。

⑧在正常的定义和本质特征中隐含的是，导致政府有能力控制对包含于一项资源中的经济利益或服务的要求权的事项必须已经发生。 政府未来获得一项资源的意图或能力不会创造出一项资产。 为了让一项资源能算作一项资产，政府必须已经获得该资源，要不然政府就必须已经获得对该资源所包含的经济利益或服务的要求权并排除其他主体的（相应）要求权。 例如，政府征税权力的微小存在不是一项资产，因为在政府已经通过实际行动来运用那种权力，并且通过应税事项的完美达成来拥有对利益的要求权之前，没有事项发生去创造资源，并且没有导致政府在

提供项目和服务中能够控制且使用的经济利益产生。 一旦获得，一项满足资产定义的资源就会一直是一项资产，直到政府将其转移给另一个主体或将其用完，或者直到一些其他事项或情况破坏了之前包含于该资源的经济利益或服务，或者直到去除了政府获取它们（指之前包含于该资源的经济利益或服务）并禁止或制约其他主体的要求权的能力。

上述内容中，最关键之处在于，对于一项包含能在未来使用的经济利益或服务的资源来说，只有当主体（即联邦政府）既能够获得这些经济利益或服务，也能够拒绝或制约其他主体（即联邦政府以外的其他主体）对这些经济利益或服务的使用（许可），即这两个特征同时具备时，这样的一项资源才是联邦政府的资产（FASAB，2010，第185页）。 显然，IPSAS 和 FFACS 对政府资产的定义虽然在内容表述上有所不同，但二者最核心的部分区别不大，事实上都强调了主体对资产所包含经济利益或服务的可获得性和可排他性，故二者对政府资产的定义是基本一致的。 基于此，以下同时提到二者时，合称"国际准则"；相应的，二者对政府资产的定义合称"国际准则资产定义"。

（3）国内预算会计制度下的政府资产定义

在国内，无论新旧预算会计制度，都没有直接对政府资产做出定义，而是分散地对总预算会计资产、行政单位资产和事业单位资产进行定义。

对于总预算会计，资产是指"一级财政掌管或控制的能以货币计量的经济资源"（财政部，1997a）。

对于行政单位，资产是指"行政单位占有或者使用的，能以货币计量的经济资源"。其中，占有是指行政单位对经济资源拥有法律上的占有权。并且由行政单位直接支配，供社会公众使用的政府储备物资、公共基础设施等，也属于行政单位核算的资产（财政部，2013）。

对于事业单位，"资产是指事业单位占有或者使用的能以货币计量的经济资源，包括各种财产、债权和其他权利"（财政部，2012）。

（4）《政府会计准则——基本准则》中对政府资产的定义

按照《政府会计准则——基本准则》（财政部令2015年第78号），政府资产是指"政府会计主体过去的经济业务或者事项形成的，由政府会计主体控制的，预期能够产生服务潜力或者带来经济利益流入的经济资源"（财政部，2015a）。

其中，服务潜力是指政府会计主体利用资产提供公共产品和服务以履行政府职能的潜在能力；经济利益流入表现为现金及现金等价物的流入，或者现金及现金等价物流出的减少。

（5）国内相关研究对政府资产的定义

国内相关研究涉及政府资产定义的较少。除了前述李扬等（2012a）的定义外，黎旭东（1998）认为，政府资产与财政分配和再分配有关，是由两次分配的结果所形成的资产。殷士浩、刘小兵（2004）认为政府资产就是国有资产。张媛（2006）认为，含有服务潜能是政府资产的特征，政府资产是包含有服务潜能的资源，且由政府拥有或控制。黄赟（2007）同样认为，具有服务潜能是中国政府资产的主要特征之一，它的另一个特征则是由政府管理或控制。

2.1.2.3 对各种政府资产定义的比较

综上可知，国家资产负债表下对资产的定义，以及可以合理衍生出来的对政府资产的定义，与国际准则对政府资产的定义较为相似，但内涵和范畴略窄。主要体现在两个方面：一是国家资产负债表下政府资产定义中的经济利益，比国际准则资产定义中的经济利益和服务（潜能）的范畴小一些，只涵盖后者定义中的经济利益和服务范畴的一部分；二是国家资产负债表下政府资产定义只强调了主体（即经济所有者）对经济利益的可获得性，而没有强调主体对经济利益获得的可排他性，更没有强调对这二者的同时满足。由此可见，**国家资产负债表下政府资产的定义，无论是内涵还是范畴，都包含在国际准则资产定义之中，换句话说，国际准则资产定义包括国家资产负债表下的政府资产定义。基于此，接下来的讨论以国际准则资产定义为基础来进行。**

先比较国内预算会计制度下的政府资产定义与国际准则资产定义。由内容及表述可知，预算会计制度下的三个定义与国际准则资产定义形式上比较接近。其中，掌控、占有和使用可以被理解为控制的一种形式；经济资源可被理解为包含经济利益的资源。但这三个定义在内涵上比国际准则资产定义小得多，一是没有包含服务（潜能），二是掌控、占有和使用等的内涵比控制小得多，都只涵盖了控制的一部分内涵。因此，预算会计制度下的政府资产定义也可以包含在国际准则定义中。

《政府会计准则——基本准则》下政府资产的定义与国际准则资产定义最为接近，都强调了控制、经济利益和服务潜能，特别是强调控制这一政府资产定义的核心内容。但《政府会计准则——基本准则》下的政府资产定义并未对控制做出进一步解释。基于此，同样可以认为《政府会计准则——基本准则》下的政府资产定义包含在国际准则资产定义之中，因为易见其对控制的理解不会超出国际准则资产定义中控制的内涵。

国内已有研究对政府资产的定义比较不统一，既有与国际准则资产定义相差较远的定义（黎旭东，1998；殷士浩、刘小兵，2004），也有与国际准则资产定义较为接近的定义（张媛，2006；黄赟，2007）。不过综合来看，国内已有研究对政府资产的定义，大多数也可以包含在国际准则资产定义中。

综上所述，**本书认为应当以国际准则资产定义为基础，结合各方面参考和中国实际，来界定中国政府资产的定义和内涵。**

2.1.2.4　本书对政府资产定义的界定

考察国际准则资产定义，可以发现政府资产具有四个基本要素。一是资源，二是主体，三是控制，四是经济利益或服务（潜能）。在这四个要素中，资源是定义的中心词，即所有定义的落脚点最后都在"资源"上，可见，一个对象要具备成为政府资产的可能性，首先必须是一项资源才行。由此，可以确定本书对政府资产定义的一个基本点就是资源。

再考虑主体。中国政府资产的主体自然是中国政府无疑，但不能仅仅到此为止。因为中国政府本身的构成非常复杂，不仅有可能作为政府资产主体的各种部门、单位、机构数量种类众多且相互间的关系层层叠叠、难以梳理清楚，而且对于其中许多单位或机构是否应当作为中国资产主体考虑存在争议。特别是在中国，政府这个范畴的大小并不确定，在不同背景或语境下，"政府"的含义不同。在前文所举例子中"国家"与"政府"的情景下，是否把政府等同于国家，政府资产主体的范畴大不相同，从而政府资产的范畴也大不相同。因此，在对中国政府资产定义的界定中，必须对作为主体的"中国政府"这一概念的内涵做进一步详细的考察。

考虑国际准则资产定义，尤其是较为详细的 FFACS 中政府资产定义对主体的解释。FFACS 认为整个联邦政府是一系列主体的最终集合，这些主体可以是一个组织或附属组织，也可以是一个项目。特别地，如果将一些组织排除在主体的范围之外，将导致联邦政府财务报表反映的信息不完整或者产生误导性，因为这些组织往往与联邦政府之间具有重要关系，所以这些组织也应当包含在联邦政府这一最终集合中。并且，无论是作为最终集合的联邦政府，还是其中的各个主体，都可以作为所谓的报告主体（FASAB，2010，第 87~90 页）。可见，FFACS 中政府资产的主体同时考虑了整个联邦政府这一最终集合，以及最终集合的各个组成部分两个层面。基于此，**对中国政府资产的主体也应当分别从整体和具体两个层面进行考虑，即中国政府资产整体主体及中国政府资产具体主体。**

所谓中国政府资产具体主体，就是构成政府整体的各种具体的中国政府资产主体，以下简称"具体主体"。前文已述，在中国，这些组织是非常复杂的，不一定都适合作为具体主体考虑，所以必须进一步考察，而基于国家资产负债表和国民账户体系进行是最优选择，因为一般政府部门对政府单位的涵盖最为全面。 考虑到中国政府资产定义与中国现实，本书以《中国国民经济核算体系（2002）》（国家统计局，2003，下称中国SNA2002）中一般政府部门所涵盖的主体作为出发点，主要包括行政单位、非营利性事业单位、社会团体以及其他组织（如基金会）等多种组织。 其中，行政单位肯定是具体主体的一部分，其他单位则都是或可视同非营利机构（NPI），需要多方面分析。

根据SNA2008，归入广义政府部门的NPI是由政府单位控制的非市场NPI（联合国等编、中国国家统计局国民经济核算司等译，2012，第91页）。 而判断一个NPI是否被政府所控制，应考虑五个控制标志中的一个或多个：一是官员的任命，二是授权文书的其他条款，三是合约安排，四是资金来源状况，五是风险暴露。 总的来说，某个NPC被政府控制，需要政府单位对一个NPI的总体政策或规划具有决定能力。 这与FFACS设立将对财务报告完整性等具有重要意义的组织不包含在报告主体之中的6个指示性标准较为类似（FASAB，2010，第89~90页）：一是相关组织行使了征税、罚款等政府的主权权力来实现联邦职能，二是相关组织归联邦政府所有，三是报告主体管理或控制相关组织，四是相关组织执行联邦任务，五是相关组织决定某些影响接受联邦政府提供服务者之事项的结果和安排，六是报告主体同相关组织建立并维持信托关系。

以上两方面的判断指标在内涵上较为接近，并且国家资产负债表的标准只是用于判断某个主体是否属于一般政府部门，与判断某个主体是不是政府资产的主体还有一定的距离；而FFACS

的指标则更加接近于判断某个主体是不是政府资产的主体。 因此，本书以 FFACS 的标准为基础，来判断事业单位等其他几类单位是否应作为中国政府资产的主体。

非营利性事业单位比较容易判断，一般都符合上述六个标准中的五个，即第二至第六个标准，所以应当都是中国政府资产的主体。 社会团体较为复杂，但其中有一部分是使用行政编制或事业编制，由国家财政拨款的；还有一部分社会团体，相关政府部门直接确定其工作任务、机构编制和领导职数等（中央政府门户网站，2005b），特别是工青妇这样的社会团体行使着部分政府职能，可谓行使政府职能的社会团体。 这些社会团体或者符合上述六个标准中的第二至第六共五个标准，或者符合上述六个标准中的第二、第三、第六共三个标准，应当属于具体主体。其他社会团体则不是非常符合上述的六个标准。 因此，本书将使用国家编制、经费来源主要是或全额财政拨款的社会团体界定为具体主体。 至于其他组织，本书只将主要资金来源为财政拨款的基金会等界定为具体主体，因为这类组织符合上述六个标准中的第三、第四和第六共三个标准。

还有几个问题需要说明。 **首先，中央银行不在本书界定的具体主体中，**主要考虑四点。 一是在国家资产负债表和国民经济账户体系中，中央银行未被归入一般政府部门。 二是在政府会计制度较成熟的美国，央行也不是政府会计主体。 三是中央银行作为货币当局本身具有特殊性，如果将其作为具体主体考虑，那么许多资产负债关系可能会被混淆，甚至模糊化。 四是对于中央银行的资产，可以分类处理，属于行政事业单位资产范畴的央行资产，其主体可以看作中国政府整体；属于货币当局的资产，可以在政府资产负债表的附注中予以反映。

其次，**SNA2002 没有关于社会保障基金的内容，而国家资产负债表中对此有两种处理方法。** 一是全部单独放在一个子部门中表示，二是在相应的政府层级相应表示（联合国等编、中国国家统计局国民经济核算司等译，2012，第 91 页）。 考虑中国实际，本书将地方社保基金分别归入相应各级政府中，而将全国社会保障基金作为单独的主体处理。

再次，**需要强调政府资产不一定有对应的具体主体，这也是本书分整体和具体两个层面界定中国政府资产主体的最主要原因。** 典型的例子是国有企业的国有资产，它属于中国政府资产应当没有疑问，但是作为其具体主体的国有企业，完全不适合作为政府资产主体来考虑。 此时，就必须将国有企业国有资产的主体看作中国政府整体，即中国政府资产整体主体，如此才能够解决这一矛盾。

最后，**注意控制以及经济利益或服务（潜能）。** 显然经济利益或服务潜能是比较全面的提法，《政府会计准则——基本准则》也采取相同或相近的提法。 至于控制，依前述，是国际准则资产定义中的核心要素，且可以包含如拥有、管理、占用等资产定义中的其他相关描述，因此本书界定的中国政府资产定义也采用控制标准，核心内涵就是可获得性和可排他性，即对于一项资源所包含的经济利益或服务潜能，中国政府既能够获得它们，又能够制约其他主体获得它们。 这样既比较全面，又可以规避诸如政府是否有权拥有资产或政府是否具有国有资产所有权等涉及所有权的问题。

综上，**本书将政府资产定义为：由中国政府控制的包含经济利益或服务潜能的资源。** 其中，中国政府这一主体包含整体主体和具体主体两层含义，前者是后者的集合，后者包括行政单位、非营利性事业单位、使用行政事业编制或经费来源主要是国家财政拨款的社会团体，以及主要资金来源为国家拨款的基金会等相关组织。 后者还包括社保基金，但不包括中央银行。 控制是指中国政府能够从相应资源中获得经济利益或服务潜能，同时能够制约其他主体获得相应的经济利益或服务潜能。

2.1.3 政府负债定义和相关范畴的考察和界定

与政府资产相比，政府负债定义的复杂程度相对较低，需要考察和界定的范畴比政府资产少得多，这主要是因为对政府负债的相关研究已经比较成熟，也比较系统化，形成了一个大体上统一的框架。

从国家资产负债表来看，"当一个单位（债务人）在特定条件下有义务向另一个单位（债权人）提供一次性支付或连续性支付时，负债即得到确立"，并且，"负债一词仅指金融负债"（联合国等编、中国国家统计局国民经济核算司等译，2012，第48页）。

考虑国际政府财务会计准则。 IPSAS 对负债的定义为："负债是源自过去事项的现时义务，对其的清偿被预期将导致含有经济利益或服务潜能的资源从主体流出。"（IFAC，2010，第31页）FFACS 则将负债定义为："在某一指定事项发生时或经要求时，联邦政府的一项在某一确定的日期向另一个主体提供资产或服务的现时义务。"（FASAB，2010，第 190 页）可见，与资产的情况类似，IPSAS 和 FFACS 对负债的定义也是基本一致的，都强调负债是一种现时义务，以及与之相联系的资产（经济利益）或服务（潜能）从主体的流出。

除国家资产负债表和国际政府财务会计准则外，考察和界定政府负债还应当参考 Hana 的研究。 Hana（1998）给出了直接负债、或有负债、显性负债和隐性负债的定义，但并没有对负债做直接的定义。 Hana 的研究对于政府负债的分类有十分重要的意义。

再看国内预算会计制度和《政府会计准则——基本准则》对政府负债的定义。 总预算、行政单位和事业单位的负债定义分别为"负债是一级财政所承担的能以货币计量、需以资产偿付的债务"（财政部，1997a）、"负债是指行政单位所承担的能以货币计量，需要以资产等偿还的债务"（财政部，2013）和"负债是指事业单位所承担的能以货币计量，需要以资产或者劳务偿还的债务"（财政部，2012）。 《政府会计准则——基本准则》对负债的定义则是"政府因过去交易或事项形成的现时义务，履行该义务预期会导致政府服务潜能减少或经济利益流出"（财政部，2015a）。

国内对政府负债的研究非常丰富，但很少对政府负债下定义。 刘尚希（2005）认为"在多数情况下，研究者更倾向于分析所谓的债务口径问题，而较少考虑公共债务的内涵和确认的标准"。

综上所述，国际政府财务会计准则对政府负债的定义比较一致。国家资产负债表下政府负债由于不包含或有负债，范畴过窄，但基本内涵也包含在国际政府财务会计准则对政府负债的定义中；Hana 的研究没有直接对负债下定义；国内预算会计制度对政府负债的定义基本上陷入"政府负债"是"债务"的同义反复的境地，没有定义清楚政府负债的本质；《政府会计准则——基本准则》对政府负债的定义与国际政府财务会计准则对政府负债的定义很接近；国内研究则很少对政府负债下定义。基于此，**本书基于 IPSAS 和 FFACS 的定义，将政府负债定义为：由中国政府承担的，当特定事项发生时会导致经济利益或服务潜能流出的现时义务。**其中作为主体的中国政府的范畴与前文对政府资产主体所讨论的范畴一致。

2.2　中国政府资产负债表的框架构建[①]

2.2.1　框架构建相关原则和思路

中国政府资产负债表的第一个构建原则是充分考虑现实性。本书主要考虑相应的政府资产负债项目实际上是否已经或正在被当作政府资产或政府负债来考虑，而对于这种现实的合理性，本书一般不进行讨论。这是为了保证本书所构建的政府资产负债表与中国现实的契合度，以提高所构建的政府资产负债表的实用

---

① 本节的主要内容参见汤林闽（2014a）第 94～109 页。

性和可操作性。

中国政府资产负债表的第二个构建原则是对资产方的构建以国内外各方面的参考为基础，对负债方的构建以国内相关研究为基础，构建工作侧重资产方。 因为中国政府资产的状况十分复杂且模糊，政府资产的相关研究较少且研究深度和广度都比较有限，对于政府资产负债表中资产方的结构、资产方包含的资产项目等的讨论也比较浅，因此需要有广泛和全面参考，并进行较细致的工作。 而政府负债的研究相对较多，也较为成熟和全面，可以直接借鉴和利用。①

基于以上考虑，中国政府资产负债表框架构建的总体思路为：对资产方，以国内外各方面参考中的政府资产相关项目为基础，结合中国实际，通过总结、合并、筛选和调整等步骤，确定纳入资产方的政府资产项目；对负债方，则以国内相关研究的各种政府负债项目为基础，主要通过合并的方式，调整并确定纳入负债方的政府负债项目。

2.2.2　资产方构建

2.2.2.1　政府资产项目总结及调整

按前述构建原则，本书将国家资产负债表及国民账户体系、国际政府财务会计体系、国内预算会计制度及试编规则、国内相关研究中的政府资产项目进行总结，结果具体如表 1 所示。

---

① 有关政府负债的已有研究情况,后文有较详细的阐述。

表 1   对各种政府资产项目的总结

对应方面 政府资产项目	国家资产 负债表	美国联邦 政府财务 会计概念 和准则	国际公共 部门会计 准则	国内预算 会计制度及 试编规则	国内相关 研究
①各种货币性资产	○	○	○	○	○
②各种应收账款	○	○	○	○	○
③非货币性金融资产	○	○	○	○	○
④存货和相关资产	○	○	○	○	○
⑤应收税款	可能包含在③中	○	○		○
⑥预期税收等的贴现					○
⑦ PP&E（不动产、厂场及设备）	基本包含在固定资产中	○	○	○	○
⑧无形资产	○	○	○	○	○
⑨国有企业净值		有政府投资权益		试编规则反映	○
⑩国有金融机构净值		有政府投资权益		试编规则反映	○
⑪文化遗产等继承资产		附注披露	部分归入⑦	文物等	○
⑫非经营性资产		主要体现在⑦中	主要体现在⑦中	○	○
⑬资源性资产	○	○		试编规则附注中反映	○
⑭托管土地		附注披露			

续表

对应方面 政府资产项目	国家资产 负债表	美国联邦 政府财务 会计概念 和准则	国际公共 部门会计 准则	国内预算 会计制度及 试编规则	国内相关 研究
⑮军事资产	○	归入⑦	归入⑦		○
⑯基础设施	部分包含在 固定资产中	可能不包含	归入⑦	试编规则附 注中反映	○
⑰国外或储备资产	○	部分归入①	○		○

注："○"表示有，放空表示无，其他如表中所述；国内试编规则指《财政部关于印发〈2014 年度权责发生制政府综合财务报告试编办法〉的通知》。

由表 1 可知，经过汇总国内外各方面参考，共有 17 个政府资产项目，但并非每个资产项目在所有方面都出现，实际上某一资产项目在所有方面都出现这种情况是比较少的。因此，需对表 1 汇总的资产项目进行分析。

一种比较自然的分析方法是按照共识程度由高到低，逐步对表 1 的资产项目进行分析，也就是按照每个资产项目对应来源的多少进行分类，对应来源越多就说明共识程度越高，相应的，将其纳入资产方的理由就越充分。这样可以先易后难，比较合理、有效地进行分析。按照这个思路，各种货币性资产、各种应收账款、非货币性金融资产、存货及相关资产、PP&E 以及无形资产这六个资产项目在所有方面的来源中都有体现，说明国内外各个方面对这六项资产应当被纳入政府资产负债表资产方具有一致的共识。因此，这六个资产项目都应当被归入资产方。

应收税款、继承资产、非经营性资产、军事资产和国外或储备资产这五个资产项目在四个方面的来源中有体现，说明国内外各个方面对这些资产项目应被纳入政府资产负债表资产方有高度共识，但不完全一致。因此，需要进一步考察。对于应收税款，由于估算需要比较专业性的技术手段才能做到较为合理，中国目前还缺乏这种基础，故排除。对于继承资产，考虑到用货币来计量这些资产的实际意义不大，因为很难想象政府会出售文物这样的继承资产，并且国际政府财务会计准则也没有强制要求须在资产方反映继承资产，综合考虑，也排除。对于非经营性资产，考虑到该项目的内涵基本是中国目前行政事业单位的国有资产，故应纳入。对于军事资产，考虑到它需要保密等特殊性，应排除。对于国外或储备资产，考虑到储备资产主要是货币当局的资产，而央行并不在本书定义的政府资产主体中，故排除。

资源性资产、国有企业净值、国有金融机构净值和基础设施这四个资产项目在三个方面的来源中有体现，说明国内外各个方面对这些资产项目应被纳入政府资产负债表资产方的共识程度较大，但同时也存在一定分歧。因此，必须以中国实际情况为主要依据来考察。从中国实际来看，不论是土地、非金融国有企业还是金融国有企业都为中国政府提供了大量的收入，特别是土地收入对地方政府具有特别重要的意义，非金融国有企业的国有净资产规模十分庞大，排除这几项资产将导致中国政府资产的相关信息严重缺失，因此这三个资产项目都应当被纳入资产方。基础设施则是非常重要的资产，对于国民经济发展有重大意义，而长期以来中国关于基础设施资产的信息严重匮乏，在政府资产负债表上反映基础设施资产，有利于政府掌握基础设施相关信息，及时调整、更新、补充基础设施，从而有利于经济社会发展，因此基础设施应当被纳入资产方。

预期税收等的贴现和托管土地这两个资产项目对应的来源较少，均只有一个，说明各方面对于这两个资产项目应被纳入政府资产负债表资产方的分歧很大。考虑到预期税收等的贴现需要确定贴现率，而目前中国还未实现利率市场化，因而缺乏合适的利率作为贴现率，故将其排除。至于托管土地，则是美国联邦政府资产中的特有资产项目，就中国实际来看完全可以将其并入资源性资产。

这样，就确定了表1中应被纳入本书构建的中国政府资产负债表资产方的政府资产项目。考虑到在中国现实中，其中一些资产项目的覆盖面存在一定的重合，因此经过合并等相关调整，最后确定资产方共有六个资产项目，即金融资产、存货及相关资产、固定资产、无形资产、国有经济和资源性资产。

2.2.2.2 政府资产的分类

确定资产方的资产项目后，还需对政府资产进行分类。国内外各方面的分类并不完全一样，如国家资产负债表将资产分为金融资产和非金融资产两大类，而 IPSAS 将资产分为流动性资产和非流动性资产两大类，FFACS 则没有对资产进行分类。因此，**本书对政府资产的分类主要以中国政府资产的实际情况为主要依据。**

考虑到在中国，政府资产中有一部分主要用于或者主要被用于向政府提供收入，如土地、矿产、国有企业国有资产、国有金融机构国有资产等，显著体现了它们中所包含的经济利益；另一部分则主要用于提供公共服务或者主要用于维持政府的正常运营等，如政府的办公大楼、公务用车等，显著体现了它们中所包含的服务潜能。 因此，**本书按照之前对中国政府资产的定义，以是主要体现经济利益还是主要体现服务潜能作为标准，将中国政府资产分为财力性资产和服务性资产，前者是主要包含经济利益的政府资产，后者则是主要包含服务潜能的政府资产。**

需要注意的是，这一分类所依据的主要标准是政府资产在实际运用中，是主要体现经济利益还是主要体现服务潜能。 因此财力性资产并非完全不包含服务潜能，同样地，服务性资产也并非完全不包含经济利益。 例如，政府部门的现金或存款明显包含经济利益，但是在实际运用中，这些资金往往是用于提供公共服务而非用于产生收入、获取经济利益的。 基于此，这些现金或存款就应当被归为服务性资产而不是财力性资产。 从这个意义上讲，服务性资产应该是偏向非营利性的。 同理，二者之间的界限并不固定，如果某项服务性资产在实际运用中被改变了原来的使用方式，使得它开始主要体现经济利益，那么该项资产就应当被重新归类，划入财力性资产的范畴。 例如，如果政府将公务用车用于出租以获得收入（假设不违法违规），此时公务用车就从服务性资产转变为财力性资产。

2.2.3 负债方构建

2.2.3.1 政府负债项目总结

按照前述构建原则和思路，需要先总结国内相关研究中的政府负债相关项目，具体如表 **2** 所示。

表2　对各种政府负债项目的总结

相关政府负债项目	主要涉及文献
国债内债余额	樊纲（1999），马拴友（2001），张春霖（2000），刘尚希、赵全厚（2002），刘尚希（2005），孙涛、张晓晶（2007），沈沛龙、樊欢（2012）
金融机构的不良资产等	樊纲（1999），张春霖（2000），贾康、赵全厚（2000），马拴友（2001），刘尚希、赵全厚（2002），刘尚希（2005），孙涛、张晓晶（2007），沈沛龙、樊欢（2012）
全部外债	樊纲（1999），张春霖（2000），刘尚希、赵全厚（2002），刘尚希（2005），孙涛、张晓晶（2007），沈沛龙、樊欢（2012）
欠发工资	贾康、赵全厚（2000），马拴友（2001），刘尚希、赵全厚（2002），刘尚希（2005）
未弥补政策性亏损	贾康、赵全厚（2000），马拴友（2001），刘尚希、赵全厚（2002），刘尚希（2005）
相关公共部门借债	贾康、赵全厚（2000），刘尚希、赵全厚（2002），刘尚希（2005），孙涛、张晓晶（2007）
社保基金缺口	贾康、赵全厚（2000），张春霖（2000），刘尚希、赵全厚（2002），刘尚希（2005），孙涛、张晓晶（2007），沈沛龙、樊欢（2012）
政府及部门的各种担保	刘尚希、赵全厚（2002），刘尚希（2005），沈沛龙、樊欢（2012）
国债投资项目的配套资金及缺口	刘尚希、赵全厚（2002），刘尚希（2005）
国有企业未弥补亏损	刘尚希、赵全厚（2002），刘尚希（2005）
地方政府负债	刘尚希、赵全厚（2002），刘尚希（2005），孙涛、张晓晶（2007），沈沛龙、樊欢（2012）
其他负债（如供销社、农村互助基金的坏账，人民币升值造成的外汇储备损失等）	贾康、赵全厚（2000），孙涛、张晓晶（2007）

2.2.3.2 政府负债项目调整

表 2 中的第 11 项地方政府负债，与其他许多负债项目之间存在交叉重合，应调整。而地方政府负债的构成如表 3 所示。

表 3　地方政府负债构成

具体构成项目	主要涉及文献
地方政府及下属机构直接举借的债务	樊丽明等（2001），朱大兴、郭志强（2001），贾康、刘微等（2010）
欠发工资	林国庆（2003），马海涛、吕强（2004），张海星（2006）
各种政策性挂账	樊丽明等（2001），林国庆（2003），马海涛、吕强（2004），冯兴元、李晓佳（2005），张海星（2006），贾康、刘微等（2010）
乡、镇、村负债	林国庆（2003），贾康、刘微等（2010）
国债转贷	林国庆（2003），马海涛、吕强（2004），张海星（2006）
国债投资项目地方配套资金及缺口	林国庆（2003），刘少波、黄文青（2008）
外债	财政部"规范地方政府融资"课题组（1999），林国庆（2003），马海涛、吕强（2004），刘少波、黄文青（2008）
地方政府的担保	张强、陈纪喻（1995），樊丽明等（2001），马海涛、吕强（2004），张海星（2006），贾康、刘微等（2010）
地方国有企业相关债务	张强、陈纪喻（1995），樊丽明等（2001），林国庆（2003），马海涛、吕强（2004），冯兴元、李晓佳（2005），张海星（2006），刘少波、黄文青（2008）
社保基金缺口	林国庆（2003），马海涛、吕强（2004），刘少波、黄文青（2008）
地方金融机构相关债务	张强、陈纪喻（1995），樊丽明等（2001），林国庆（2003），张海星（2006）
地方政府不规范行为导致的负债	张强、陈纪喻（1995），马海涛、吕强（2004）
政府融资平台债务	封北麟（2009），国家发改委宏观经济研究院"地方政府融资研究"课题组（2009），安国俊（2010）

对比表 2 和表 3，综合各种相关因素考虑，可将一些重复项目并入地方政府负债之中，包括乡级及以下政府负债、内外债中应由地方政府承担的部分（如国债转贷地方的部分、地方政府承担的外债等）、欠发工资[1]、未弥补政策性亏损、地方政府的担保、地方配套资金及缺口、地方国有企业的未弥补亏损和地方金融机构不良资产。另外，由于社保基金缺口比较特殊，虽然已有研究将其归入地方政府负债，但本书不将其视为地方政府负债，而是将其全部视作中央政府负债。

这样，经过调整后的地方政府负债，与经过相应调整后的其他政府负债项目一共有 9 项。参考 Hana（1998）的分类，本书将这 9 项政府负债项目划分为直接显性负债、或有和隐性负债两部分。前者包括：国债余额、地方政府负债中的直接显性负债、国务院部委所借外债、中资金融机构承担的外国政府贷款。后者包括：准公共部门发行的债券（如中国铁路总公司发行的铁路建设债券、政策性银行发行的债券等）、地方政府负债中的或有和隐性负债、国有金融机构的不良资产、外债余额中的其他部分、政府担保（非地方）。此外，对于社保基金缺口是否应在政府资产负债表中反映争议较大，鉴于目前中国社保基金缺口的情况尚不明朗，且估算较为复杂，故将其放入附注。

2.2.4　完整的中国政府资产负债表框架

综合前文论述的构建结果，就可以得到完整的中国政府资产负债表理论框架，具体如表 4 所示。

---

[1]　按照刘尚希、赵全厚（2002）中的说法，欠发工资均在基层政府。

表4 中国政府资产负债表框架

资产		负债	
服务性资产	财力性资产	直接显性负债	或有和隐性负债
金融资产：	国有经济：	国债余额：	准公共部门发行的债券：
财政性金融资产	企业的国有净资产	内债余额	政策性银行发行的债券
全国社保基金	金融机构的国有净资产		铁路总公司发行的债券
其他金融资产			
固定资产：	资源性资产：	地方政府负债	地方政府负债：
基础设施	土地资产	政府直接负债	政府担保类和救助类负债
其他固定资产	矿产资产		
	森林资产	国务院部委所借外债	国有金融机构的不良资产：
	水资产		以不良资产转化形式存在的或有负债
			国有商业银行新产生的不良资产
存货及相关资产		中资金融机构承担的外国政府贷款	政府担保（非地方）
无形资产	无形资产		外债余额中的其他部分
	其他政府资产		其他政府负债
政府净资产			

注：政府净资产为政府资产和政府负债之差；无形资产出现两次是因为两类资产中都可能含无形资产；其他政府资产和负债用于反映可能遗留的部分；自2014年起，外管局公布外债数据的结构发生变化，公布的外债数据不再按原项目如"国务院部委所借外债""中资金融机构承担的外国政府贷款"等进行划分，因此2014年之后，本表中外债的相应部分需进行修改，在直接显性负债中，将"国务院部委所借外债"和"中资金融机构承担的外国政府贷款"合并为"外债直接负债"，在或有和隐性负债中，将"外债余额中的其他部分"替换为"外债或有（隐性）负债"。

最后应当指出，表4所示的基本框架，还不是政府资产负债表的全部，而仅仅是会计报表部分。 完整的政府资产负债表除了会计报表，还应包括会计报表附注。 会计报表附注十分重要，它反映的内容一般不适宜或者无法在会计报表中反映，但缺失又容易导致对报表内容误解或报表信息遗漏的情况。 因此，政府资产负债表附注其实是政府资产负债表中不可缺少的部分。考虑到资产负债表附注并没有固定格式和内容，本书在构建工作部分对附注不做进一步详细讨论。

3

中国政府资产的规模估算

第二章已经完成了中国政府资产负债表框架构建的工作，基于此，可以进一步对中国政府资产负债的规模进行估算。 **本章在此进行资产估算的工作。**

3.1 相关原则及说明

从当前实际情况看，估算工作存在许多困难和客观限制条件，特别是数据可得性的限制和估算方法合理性的难确定，因此在进行具体估算工作前，需要对估算的原则等一些情况进行确立、调整或限定等。

第一，估算原则之一为谨慎性原则。 具体而言，在对政府资产进行估算时，如果有多种处理方式，那么在其他条件相同的情况下，优先选择估算结果最少的处理方式；在对政府负债进行估算时；如果有多种处理方式，那么在其他条件相同的情况下，优先选择估算结果最大的处理方式，即对资产尽量少估、对负债尽量多估。 这主要是考虑到在估算方法不成熟、数据不全面等的情况下，很难得到相当精确的估算结果，因此为了避免多估算资产、少估算负债导致误判的情况，必须谨慎估算。

　　第二，估算原则之二为现实性原则。 这表现在两方面，**一是估算方法应根据现实情况确定。** 由于过去中国对一些政府资产、负债从未进行过统计和核算，对这些资产和负债，本书只能尽可能选择合适、广泛的基础数据来一点点地汇总，估算出最终结果。 在这种情况下，本书将根据现实情况采用估算方法，一些估算方法可能争议较大。 **二是框架应根据估算的需要进行相应的调整。** 前文建立的中国政府资产负债表框架，虽然也考虑了现实性原则，但其构建主要是从全面反映政府资产负债具体项目的角度进行的，而不是从估算的政府资产负债规模的角度进行的。 因此，由于客观条件特别是数据可得性的限制，完全按照理论框架进行估算可能无法做到，此时就需要根据现实性原则对框架进行一定的调整，以满足估算的需要。 但这种调整只是局部性的微调，不会引起整个框架根本性的变动。

　　第三，关于估算重点。 一方面，考虑到中国政府资产的特殊重要性、研究现状和相关统计数据现状，以及中国政府负债的统计数据现状和研究现状，**本书将估算的重点集中于政府资产，即对每一项政府资产都进行估算，只直接采用统计数据，不直接采用其他数据如已有研究的结果等；而对于某些政府负债，特别是数据缺乏、估算难度较大但已有一些较成熟研究的负债，本书将引用已有研究的结果。** 另一方面，考虑到政府资产负债表主要反映的是以货币衡量的资产的价值，因此对于本书划分的财力性资产和服务性资产，本书将重点估算财力性资产，尽可能详细估算，以反映其准确规模为主；对于服务性资产，则不进行非常细致的估算，以反映其大致的规模为主。

第四，估算数据和框架的相关调整。 本书估算所采用的数据来源众多，特别是许多数据由不同会计制度产生，有的是预算会计制度，有的是企业会计制度，还有的是非营利组织会计制度等。 考虑到实际困难，本书不对不同会计制度的数据进行调整，也不考虑是否能够进行加总等，而直接默认所有基础数据都是可以直接用于估算的。 这样的处理方式虽然在一定程度上会影响估算结果的准确性，但符合现实性原则且未必比其他处理方式得到的结果更加不合理。

第五，关于估算的时间段。 本书的研究从 2010 年开始进行，选择 2010 年而非 2010 年以前的年份作为估算的起始年份，主要是考虑 2010 年一些政府资产负债数据的统计情况发生了重大变化。 政府负债方面，审计署于 2011 年发布了地方政府性债务的审计结果报告，这是中国首次有官方权威公布的地方政府负债数据。 但此审计报告只明确给出了截至 2010 年末的数据，以前年份的数据需要进行推算，准确性会大大降低。 政府资产方面，一些统计数据如央行对政府性存款的统计在 2010 年也发生了口径上的重大变化。 如果将估算年度提前到 2010 年之前，需要调整这些数据的口径，但限于数据可得性，这种调整很难进行，准确性同样难以保证。① 以 2015 年为估算的终点，主要是考虑到本书写作期间，估算所需的基础数据中很多数据的最新年份都

---

① 编者所在团队中国社会科学院财政税收研究中心"中国政府资产负债表"项目组也在着手对 2010 年以前的政府资产负债表进行估算，目前还在进行中。

只到 2015 年。 此外，本书按照现行预算年度的起止日来确定每
一估算年份的起止日，即从 1 月 1 日开始，截至当年 12 月 31 日。

第六，出于简化和避免重复的考虑，以下的估算过程，本书
按照前述的估算时间段，仅以 **2015 年这一个年度为例，来对各
项资产、负债的数据来源、估算方法等进行阐述和说明，不再将
其他五个年度的估算过程一一阐述。** 对于某（些）个年度中某
项资产或负债的处理方式或数据来源等发生了变化的情况，本书
会有相关论述。

3.2　服务性资产：金融资产

由表 4 可知，金融资产包括财政性金融资产、全国社保基金
和其他金融资产。 其中，财政性金融资产和其他金融资产分别是
各级财政部门拥有的金融资产，包括现金、存款、有价证券等。①

---

① 中国的政府存款很多已经确定了用途，将用于预算支出，也就是很难给
政府直接提供更多财力，而是直接用于提供服务，或者是用于维持政府
本身的运营。从这个意义上讲，中国政府存款主要体现为"包含"服务
潜能而非经济利益。诚然，政府存款通过国库现金管理能够获得收益，
这的确体现了政府存款"包含"经济利益。但本书的观点是，这并不改
变中国政府存款"主要"体现为包含服务潜能而非经济利益的基本格
局，毕竟政府存款通过现金管理产生收益是一种附带性的目的而非主
要的目的，其"服务性"的特征明显强于"财力性"的特征。所以本书将
政府存款归类于服务性资产。当然，如果有用于营利性投资的政府存
款，其财力性特征会强于服务性特征。但按照公开数据，本书无法对此
进行进一步区分，并且大多数政府存款应当并非用于营利性投资，所以
本书做这样的处理。

其中，规模最大的是存款。其他部分的规模则相对较小，且有些存在需要抵消的情况，如有价证券中的国债，应收账款中属于各部门间、上下政府级间、财政部门与其他部门间交易的部分等；有些则可能全部或部分在本书后面将要阐述的估算过程中体现，如投资等。因此，**对于财政性金融资产和其他金融资产这两个子项目，本书只估算其中的政府存款，不考虑其他部分。**

3.2.1 政府存款

政府存款的数据来源是中央银行的金融机构本外币信贷收支表。从 2015 年的情况看，该表中，共有四类境内存款，即住户存款、非金融企业存款、政府存款和非银行业金融机构存款。[①]其中，政府存款又分为机关团体存款、财政性存款两类。财政性存款全部是政府资产应无疑问，机关团体存款则不一定。一般而言，机关团体多数是行政事业单位和社会团体。行政事业单位的存款可以被归入政府存款，但社会团体的存款，就不宜被完全归入政府资产范畴。**按本书对政府资产的界定，显然被排除在中国政府资产主体之外的社会团体的存款不应作为政府存款进行估算。但是，按照目前的公开数据无法将这部分存款从政府存款中排除，所以政府存款这一项存在偏大的可能。**按照央行数据，2015 年两项存款的金额分别为 208,092.47 亿元和 34,453.34亿元，二者合计即政府存款共 242,545.80 亿元。

---

① 该表在 2014 年有按部门分类的情况,存款不分境内境外,共六类,包括其他存款和非居民存款,不包括非银行金融机构存款,并且财政性存款和机关团体存款未合并成政府存款一项,而是作为两项分别存在。

3.2.2　全国社保基金资产

全国社保基金的数据来源是全国社保基金理事会网站公布的全国社保基金的年度报告。 按照 2015 年的年报及相关说明，截至 2015 年末，社保基金理事会管理的基金资产总额为 19,138.21 亿元，基金负债总额为 1,171.70 亿元，基金权益总额为 17,966.51亿元。 基金权益中，全国社保基金权益为 15,083.42 亿元，个人账户基金权益为 1,149.65 亿元，广东委托资金权益为 1,196.49 亿元，山东委托资金权益为 536.95 亿元。

从全国社保基金资产、负债和权益的结构看，基金权益是最体现基金为政府所控制的部分，且包含经济利益，因此完全满足政府资产的定义，而基金的资产总额在满足政府控制方面程度上相对较低。 因此本书对全国社会保障基金的资产这一项，以资产负债表报表中反映基金权益、资产负债表附注中反映基金的资产总额和负债总额的方式来处理。 因此，2015 年，资产负债表中反映的全国社保基金资产的金额为 17,966.51 亿元。 需要说明的是，由于全国社保基金资产中有一部分与其他政府资产可能发生重复，如划转社保基金持有的国有股等。 对此，本书之后会在对国有经济的讨论中进行一些对应处理，因此这里不对此部分进行剔除。

3.2.3　金融资产合计

依前述，截至 **2015 年末，政府存款的金额为 242,545.80 亿元，全国社保基金资产的金额为 17,966.51 元，二者合计为**

260,512.31亿元。 因此截至 2015 年末，金融资产的总额为
260,512.31亿元。

3.3　服务性资产：固定资产、存货及相关资产和无形资产等

从公开数据的情况看，作为服务性资产的固定资产、存货及相关资产和无形资产，主要是所谓行政事业单位占用的国有资产，因此只需要考察行政事业单位的这些资产情况即可。 就 2015 年的估算而言，有三个情况需要说明。

第一，2014 年以前，公共基础设施没有专门的统计数据，也没有合适的可供估算其所值的基础数据，并且，类似交通部门、农业部门和水利部门这样的单位，对应的固定资产统计中，可能已经包括一部分对道路、桥梁、农田水利等各种基础设施的统计。 所以本书没有单独估算基础设施资产，而直接对行政事业单位总的固定资产进行讨论。 2014 年以后，公开数据开始单独反映公共基础设施的情况，2015 年的情况同样如此。 为简明，本书依然将其并入固定资产这一项之中进行反映。

第二，伴随着 2014 年开始出现的"公共基础设施"统计数据，"公共基础设施在建工程"也在 2014 年出现。 为简明，本书将其合并到"在建工程"这一项中进行反映。

第三，2014 年开始，公开数据开始单独反映政府储备物资的情况，为简明，本书将其并入"存货"这一项之中进行反映。

这些基础数据的来源是各年度的《中国会计年鉴》，其统计

对象包括行政单位、事业单位、企业化管理的事业单位和非营利组织四类。 前二者就是通常意义上的行政事业单位。 后二者归入行政事业单位可能有所争议，但从政府资产的角度看，此二者的资产大多是国有资产，符合政府资产的定义；并且在本书政府资产定义的框架下难以将其归入其他政府资产中，如果排除显然不合适。 因此本书将此二者同样视作行政事业单位，不考虑异议。 这样，按照《中国会计年鉴 2016》的数据可以计算，**截至 2015 年末，固定资产（含公共基础设施）为 91,942.78 亿元，在建工程（含公共基础设施在建工程）为 38,653.93 亿元，存货及相关资产（含政府储备物资）为 5,096.71 亿元，无形资产为 2,321.87亿元。** 由此可知，截至 2015 年末，由金融资产、固定资产、在建工程、存货及相关资产和无形资产构成的服务性资产的总额为 **398,527.60 亿元。**

3.4 财力性资产：国有经济

3.4.1 重复计算及其处理

估算国有经济首先需要考虑对重复计算的处理。 樊纲、姚枝仲（2002）指出：" 在合并生产单位的资产总额以得到全社会的资产总额时，存在一些重复计算的部分。 因为一个生产单位的负债既对应着本单位的资产，又对应着另外一个生产单位的资产；同时，所有的股权及股票投资既是投资方的资产，又是受资方的资产和所有者权益。 因此，在加总各单位的资产总额时，有相当于负债总额和股权股票投资的部分被重复计算。 从生产单位的资产负债情况得到全社会的资本总额的正确方法应该是：资本总额＝各单位净资产之和－各单位股权和股票投资之和。"

　　基于以上分析，**由于本书估算的是净资产，所以不需要考虑资产和负债引起的重复问题，只需要考虑股权和股票投资引起的重复问题。** 由于本书在统一框架下估算企业和金融机构的国有净资产，因此需要考虑重复的情况，包括企业之间相互投资、金融机构之间相互投资以及企业和金融机构之间相互投资。 **基于数据可得性，本书对重复计算问题的处理分几个步骤进行。 第一步，采用《中国财政年鉴》中的统计数据估算企业国有净资产总额。** 因为该年鉴统计了全国国有企业的资产负债数据，在其口径下应当剔除国有企业之间股权股票投资的重复情况，这样就避免了企业之间投资的重复情况。 **第二步，将商业银行作为代表性金融机构，估算每一家商业银行的国有净资产。** 在估算中，对于国有企业和其他相关金融机构对该银行的股权股票投资，直接剔除，这样就避免了金融机构之间投资和企业对金融机构投资的重复情况。 同时，由于《中华人民共和国商业银行法》对商业银行混业经营的严格限制，只估算商业银行，也避免了金融机构对企业投资的重复情况。 **第三步，将前两步估算的结果，和政策性银行、邮政储蓄银行和中国投资有限责任公司的国有净资产相加，就得到最终剔除重复后对国有经济的估算结果。**

3.4.2　企业的国有净资产

　　企业国有净资产的数据来源是各年度的《中国财政年鉴》。

按前述步骤，根据《中国财政年鉴 2016》，**截至 2015 年末，全国国有企业的国有资产总额为 378,101.7 亿元。**

这里需要说明的是，虽然《中国财政年鉴》中列出了全国国有企业的资产总额、负债总额和所有者权益总额，但是不应当将所有者权益总额作为估算的企业的国有净资产。因为《中国财政年鉴》统计的国有企业所有者权益包括非国有的所有者权益，即少数股东权益。有些研究采用估算国有资本比例乘以所有者权益的方法来得出企业的国有净资产，但各企业的国有资本比例大多不同，这种方法得到的估算结果与实际结果的差距可能较大。本书认为直接采用《中国财政年鉴》中的国有企业的国有资产总额数据作为估算值，应当更加准确。因为该数据与所有者权益的数据差距不大，且专门单独列出，说明它有可能实际上反映的是国有企业的国有所有者权益的数据。而且，根据《中国会计年鉴 2016》，2015 年末全国国有企业所有者权益总额为 482,414.4 亿元，其中少数股东权益为 101,080.0 亿元，二者差额为 381,334.4 亿元，差不多就是归属国有股的所有者权益，与《中国财政年鉴 2016》中国有企业国有资产总额 378,101.7 亿元非常接近，这也从另一侧面验证了本书做法的合理性。**按照谨慎性原则，本书选择金额较低的《中国财政年鉴 2016》中的数据作为估算结果。**

3.4.3 金融机构的国有净资产

从公开数据来看，与国有企业不同，金融机构的国有净资产没有统一的可以直接使用的相关统计数据，并且对于许多金融机构甚至连财务数据也难以获得。 考虑到银行的资产在所有金融机构的资产中占大部分，非银行金融机构的股权结构中有相当一部分股权是被银行、非金融国有企业掌握的，以及银行的相关数据很多能从公开数据中获得；并且，受现行商业银行法限制，在只考虑银行时需处理的重复计算较少，因此**本书主要估算银行的国有净资产**。

银行的国有净资产数据来源是各相关金融机构的年度财务报告和《中国金融年鉴》。 首先估算商业银行的国有净资产。 本书采取银监会的口径来选择商业银行，即5家大型商业银行，包括工商银行、建设银行、中国银行、农业银行和交通银行；12家股份制银行，包括中信银行、光大银行、华夏银行、民生银行、广发银行、平安银行、招商银行、兴业银行、浦发银行、恒丰银行、浙商银行和渤海银行。 此外，由于国家开发银行于2008年改制后不再是传统意义上的政策性银行，业务经营上和商业银行有更多相似性，所以本书将它也归入大型商业银行。

在估算中，先从各家银行2015年的年度报告等获得它们各自的所有者权益，然后按比例剔除企业国有净资产估算中已经考虑的部分，以及其他相关金融机构，主要是中投公司的全资子公司汇金公司的投资。 简化起见，以下以工商银行为例，说明剔除重复计算部分的过程，具体见表5和表6。

按照表5和表6中的剔除过程，可以对前述其他所有商业银行进行剔除处理，并最后得出对商业银行国有净资产的估算结果，具体见表7和表8。

表5　中国工商银行国有净资产剔除重复计算部分的具体过程（2015年）

股东名称	股东性质	股份类别	持股比例（%）	是否剔除	理由
汇金公司	国家	A股	34.71	是	与中投公司重复
财政部	国家	A股	34.60	否	国家权益
香港中央结算有限公司/香港中央结算代理人有限公司	境外法人	A股	0.09	不需	非国有股不计算
		H股	24.15		
中国证券金融股份有限公司	国有法人	A股	1.23	否	股东为金融行业国有法人
中国平安人寿保险股份有限公司－传统－普通保险产品	其他	A股	1.21	不需	非国有股不计算
梧桐树投资平台有限责任公司	国有法人	A股	0.40	否	股东为金融行业国有法人
中央汇金资产管理有限责任公司	国家	A股	0.28	是	与中投公司重复
安邦人寿保险股份有限公司－保守型投资组合	境外法人	H股	0.11	不需	非国有股不计算
中国人寿保险股份有限公司－传统－普通保险产品－005L－CT001沪	其他	A股	0.09	不需	非国有股不计算
GIC PRIVATE LIMITED	境外法人	A股	0.07	不需	非国有股不计算

资料来源：《中国工商银行2015年年报》。

表6　中国工商银行国有净资产剔除重复计算部分后的结果（2015年）

单位：亿元，%

机构	所有者权益	剔除后国有权益比例	剔除后国有净资产
中国工商银行	17,894.74	36.23	6,483.26

注：本表数据根据《中国工商银行2015年年报》估算而得。

表7　大型商业银行的国有净资产情况（2015年）

单位：亿元，%

银行	所有者权益	剔除后国有权益比例	剔除后国有净资产
工商银行	17,894.74	36.23	6,483.26
农业银行	12,100.91	41.08	4,971.05
中国银行	13,049.46	2.95	384.96
建设银行	14,340.20	1.00	143.40
交通银行	5,348.85	30.68	1,641.03
国开行	10,643.24	63.73	6,782.94
合　计			20,406.64

注：本表数据根据各银行2015年的年度报告估算而得。

表8　股份制银行的国有净资产情况（2015年）

单位：亿元，%

银行	所有者权益	剔除后国有权益比例	剔除后国有净资产
中信银行	3,177.40	68.99	2,192.09
光大银行	2,234.93	15.99	357.37
华夏银行	1,176.78	7.33	86.26
民生银行	3,012.18	2.66	80.12
广发银行	975.40	35.74	348.61
平安银行	1,615.00	4.34	70.03
招商银行	3,608.06	2.37	85.51
兴业银行	3,136.48	29.79	934.36
浦发银行	3,186.00	28.02	892.72
恒丰银行	563.56	19.40	109.33
浙商银行	496.57	19.96	99.12
渤海银行	355.57	11.67	41.50
合　计			5,297.01

注：表中数据根据各银行2015年的年度报告估算而得。

　　基于表7、表8，再加上政策性银行、邮政储蓄银行和中投公司的数据，就可以得到金融机构的国有净资产（具体见表9）。

表9　金融机构的国有净资产（2015年）

单位：亿元

金融机构类型	金融机构国有净资产
大型商业银行	20,406.64
股份制银行	5,297.01
政策性银行	4,079.82
中投公司	47,061.85
邮政储蓄银行	2,704.48
合　　计	79,549.79

由表 9 可知，2015 年，金融机构的国有净资产总额为 79,549.79亿元。这样，再加上企业的国有净资产 378,101.7 亿元，则截至 2015 年末，国有经济总额为 457,651.49 亿元。

3.5　财力性资产：资源性资产

3.5.1　资源性资产估算说明

资源性资产的估算无论是在国际上还是在国内都是十分困难的问题。主要表现在三个方面：**一是资源性资产不具有同质性**，即资源性资产因品种、等级、地域等多方面的不同，价值也不同，很难进行总体估算；**二是对资源性资产的估价方法没有形成共识**，学术研究和实际操作中对估价方法的选择往往在很大程度上带有主观性质；**三是与资源性资产估算相关的统计数据比较匮乏**，数据可获得性的限制十分明显。

基于以上困难，综合各方面因素考虑，本书对资源性资产仅估算土地资产的价值，以及矿产资产中石油天然气资产的价值，而不估算其他资源性资产如森林资产、水资产等资产的价值。由于很难确定合理的贴现率和贴现期限，本书对资源性资产的价值不进行贴现处理。

3.5.2　土地资产估算

（1）估算说明

对于土地资产的估算，争议性较大，既存在是否不应该将任何土地纳入政府资产负债表的争议，也存在是否不应该将某些土地纳入政府资产负债表的争议，还存在应当如何核算土地资产价值的争议。**本书认为，土地是中国政府财力来源的重要构成，对政府而言土地蕴含着巨大的价值。**如果不考虑土地，将在很大程度上损坏政府资产负债表的全面性和完整性，所以本书认为应当将土地纳入考察的视野。

从估算对象看，本书认为，纳入政府资产负债表中反映价值的应当只是部分而不是全部土地。

首先，本书不考虑戈壁、沙漠等在土地分类中归属于所谓"难利用地"的土地，因为这些土地几乎不包含经济利益和服务潜能。如果这些土地经过改造变成能够被利用的土地，从而包含政府控制的经济利益和服务潜能，到时再将其纳入考察视野。

其次，中国的土地实行社会主义公有制，只有国家所有和集体所有两种性质的土地。对于国有土地，由于政府代表国家行使所有权，因此毫无疑问是政府资产。对于集体土地，则有许多争议，有研究（王庆，2009）认为，由于中国政府垄断了土地一级市场,从而实际上控制了集体所有制土地,因此应当将其计入政府资产。 但从本书对政府资产的界定来看,不宜认为集体所有制土地是由政府控制的,故本书不考虑集体所有制土地,只估算国有土地资产的价值。

最后,土地出让收入是政府,尤其是地方政府重要的财政收入来源。 可以认为,对于中国政府来说,国有土地资产当前主要是体现经济利益而非服务潜能,因而对国有土地资产的估算就应当以价值为主。 基于此,本书主要考虑国有土地中对政府来说蕴含经济利益较大的土地,忽略对政府来说蕴含经济利益较小的土地。 从现有的土地相关制度和土地分类来看,蕴含经济利益较大的土地应该是能够被转化为建设用地的土地,因为在这一过程中土地所产生的价值十分巨大,体现了最大的蕴含经济利益。

综上可知,**估算的土地应当是国有土地中可能被转化为建设用地的土地**,如农用地和未利用地等。 **此外,还需对建设用地进行说明。** 国有建设用地大多是已经实现或者说释放了蕴含经济利益的土地,就土地交易来说其所蕴含的经济利益反而较低,因此并不进入本书的估算范畴。 但是许多建设用地与其他政府资产存在重合的情况,即已经包含在本书对其他政府资产的估算之中了,对这部分土地的处理,本书之后还有较详细的阐述。

从估算价值的方法看,同样考虑到土地对于政府财力的重要贡献,本书在采用估算方法时主要以估算土地可能给政府提供的财力为方向,从而主要考虑土地的交易价值,不考虑土地的产出价值。 从整个国家的角度看,除非土地转让给国外对象,否则土地转让产生的价值就只是在国家内部流动的收益，对国家整体而言并没有新收益的流入；反而是土地的产出，对整个国家更有意义，意味着整个国家的资产价值增加。 所以，如果从国家、国家资产负债表的角度看，那么估算土地资产时考虑土地产出的价值更加合理。 但是，**如果从政府、政府资产负债表的角度看，土地交易产生的价值对于政府而言是新收益的流入，那么考虑土地交易价值更加合理。**

基于以上分析，**本书估算的土地资产价值是土地交易价值，**自然就涉及两个关键因素：一是土地交易面积，二是土地交易价格。 二者的乘积为土地交易价值，即为估算的土地资产价值。本书先分别对这两个因素进行讨论，分别确定合适的估算值，然后再将它们相乘得出最后的土地资产价值估算值。

（2）土地交易面积

依前述，土地交易面积应是国有土地中可能被转化为建设用地的土地的面积，但缺乏可直接使用的公开统计数据。 从《中华人民共和国宪法》《中华人民共和国土地管理法》等土地相关法律法规的内容来看，国有土地的分布范围很广，既存在于城市，也存在于农村；既存在于市，也存在于县城和建制镇。 基于此，综合数据的可获得性、蕴含经济利益大小及转化为建设用地的可能性、国有土地的集中性及规模、估算的谨慎性及合理性等方面的考虑，本书集中考察设市城市的国有土地中可能转化为建设用地的土地。 根据现实情况，符合条件的土地主要是设市城市的城区土地扣除建设用地后的剩余部分。 本书以此作为可交易土地整体的替代，相应的估算结果会低于实际结果，但符合谨慎性原则。相关数据来自《中国城市建设统计年鉴》，2015年的数据如表10所示。

表10 国有土地面积（2015年）

单位：平方公里

项目	市区面积	城区面积	建成区面积	建设用地面积
数量	2,076,198.12	191,775.54	52,102.31	51,584.10

资料来源：《中国城市建设统计年鉴2015》。

（3）土地交易价格

土地价格是另一个重要因素。依前述，本书对土地资产的估算以估算土地可能给政府提供的财力为方向，以此为基础并综合考虑多种因素，因此本书借鉴国民经济核算中的相关思路来考察土地交易价格。按照国民经济核算的相关内容，如果能够获得市场价格信息，那么对土地等资源性资产的估价应采用现期市场价格，涉及两种方法：一种是按新购买者支付的价格加上所有权转移费用；另一种是根据土地的位置、用途、质量级别，按国家规定的相应土地级别价格来估价（国家统计局国民经济核算司，2004，第123页）。考虑到数据可获得性，特别是对应的土地面积数据的可获得性等方面的限制，①后一种方法的思路难以采用，故本书采用前一种方法的思路。

考虑前一种方法。按照中国当前土地相关法律法规的规

---

① 例如，基准地价是较好的估算土地资产价值可采用的土地交易价格，但是无法从公开渠道获得对应于每一个基准地价的土地面积的数据。

定，国有土地的所有权不能转让，因此国有土地价格只需考虑购买者新支付的价格，而不涉及所有权转移费用。对照现实来看，在政府资产负债表的角度下，只有土地使用权出让的价格可被归为估算土地资产的购买者新支付价格，因此本书采用国有土地使用权出让价格来作为土地交易价格，估算土地资产价值。

国有土地使用权出让价格没有可以直接使用的公开统计数据，本书通过土地出让收入、土地出让面积等可获得的相关统计数据来进行估算，直接逻辑是土地出让价格＝土地出让收入／土地出让面积。可获得的数据来源包括国土资源部和财政部，前者的相关统计资料主要是《中国国土资源统计年鉴》，后者的相关统计资料主要是《全国土地出让收支情况》。这二者均公布了土地出让收入（价款）、土地出让面积的数据。这二者的一个主要区别在于国土资源部的土地出让收入数据（土地出让价款）是合同成交金额，不一定都在当年实现；财政部的土地出让收入数据是实际缴入国库数，都在当年实现。由于实际缴入国库的土地出让收入不一定是当年出让土地所产生的，可能是以前年度出让土地所产生的，所以采用统计当年成交金额的《中国国土资源统计年鉴》中的土地成交价款数据进行估算应更为合理。

同时，这二者统计的土地出让收入中都包括成本补偿性支出，它不是完全由政府支配的收入。按照本书侧重政府财力来估算土地资产价值的思路以及谨慎性原则，本书认为应当以每年土地出让收入扣除掉征地拆迁等成本性支出后的部分，即土地出让纯收益来计算当年国有土地价格。由于《中国国土资源统计年鉴》中没有公布土地成本数据，而财政部数据中公布了土地成本数据，因此本书利用财政部数据来估算国有土地出让的成本。
考虑到两种数据统计口径间存在的差异，本书对土地成本的估算
方法为：按照财政部数据计算土地成本与土地出让收入的比例，
再以此比例乘以《中国国土资源统计年鉴》中土地出让价款，估
算出相应的土地成本。 根据《中国国土资源统计年鉴》和《全
国土地出让收支情况》估算的 2015 年土地交易价格见表 11。

表11　土地交易价格（2015 年）

财政部数据（亿元）		土地成本/土地出让收入（％）
土地成本	土地出让收入	
26,844.59	33,657.73	79.76
国土资源部数据（万元）		出让面积（公顷）	土地价格（元/平方米）
成交价款	纯收益		
312,206,471.49	63,198,153.86	224,885.95	281.02

资料来源：《中国国土资源统计年鉴 2016》《2015 年全国土地出让收支情况》。

（4）土地资产：国有土地价值

综合前述土地交易面积和土地交易价格，就可以估算出相应
土地资产的价值。 需要说明两个问题。

一是估算时需扣除建设用地。 在设市城市城区中的土地，
有一部分的价值已经体现在其他政府资产中，如行政事业单位、
国有企业和国有金融机构的固定资产中，实际上已经包括许多土
地的价值，从而这部分土地的价值也反映在固定资产、企业的国
有净资产和金融机构的国有净资产中；另一部分土地则已经通过
二级市场的出让过程，如招标、挂牌、拍卖等方式，转化为政府
的其他资产，如银行存款等。 按照本书的估算方法，这些土地

的价值就应当扣除，否则会产生重复计算的问题。但这些土地并无相关统计数据可以直接使用，考虑到无论是相关固定资产毗连地形态的土地，还是经过出让程序的土地，在统计上都体现为国有建设用地，所以采用在估算时扣除相应建设用地的处理方法，以尽可能减少有关的重复计算，这符合现实性和谨慎性原则。

二是估算土地的未来可能用途。以扣除建设用地后设市城市城区的土地作为被估算对象，并采用前述土地交易价格来估算土地资产价值，存在一定的高估，因为这些土地未来并不一定会全部被出让。由于无法合理地确定会被出让的土地有多少，并且本书在确定土地交易面积时已经尽可能按照谨慎性原则进行处理，包括不考虑县城、建制镇的国有土地等。因此，尽管按全部被估算土地未来都会被出让来估算土地资产价值存在一定高估，但就土地资产整体而言，估算结果基本不会超出其实际价值。2015 年的具体估算结果见表 12。

表 12 土地资产价值（2015 年）

项目	土地交易价格（元/平方米）	土地交易面积（平方公里）	土地资产价值（亿元）
国有土地	281.02	140,191.44	393,970.37

注：土地交易面积为扣除建设用地后剩余土地的面积。

3.5.3 石油和天然气资产估算

（1）估算说明

油气资产的估算同样存在很大困难。在中国的国民经济核算中，对油气资产的核算是直接以相关企业报表中的油气资产加总计算的。但是，直接以企业报表中油气资产的金额来作为政府资产负债表中油气资产价值的做法并不妥当。因为相关企业报表中的油气资产，反映的并非石油和天然气资源本身的价值，而是企业在获得、维持石油天然气的过程中相关支出如勘探支出、开采支出等的资本化，主要反映的是油气开采相关设施和相关支出的价值。

综合国内外各方面资料来看，本书认为对于矿产资源资产价值应采用权利金（Royalty）进行估算较为合理。本书 2010～2014年的估算结果都是通过基于这一思路的估算方法得出的，主要采用了 FFACS 中对油气资产的处理。SFFAS38[①] 中定义了所谓"区域之估计的石油权利金（Regional Estimated Petroleum Royalities）"，是指"联邦政府在各地区联邦油气资源的已探明油气储量中所占的权利金份额的估计期末价值"。其中权利金是指"基于美国外大陆架或联邦土地的油气产量或产值的任何支付，或在租约的任意条款下属于美国的任何最低限度的提成"（FASAB，2010，第 1493～1494 页）。这对本书估算中国油气资产价值，提供了明确的方向，即从政府资产的角度看，油气资产的价值应通过权利金来反映，而权利金的关键特征是基于油气产量或产值的支付。按照这一思路，中国能够与权利金关键特征较为符合的包括三种支付，即资源税、矿产资源补偿费和石油特别收益金。因此，本书在估算 2010～2014 年的中国政府资产规模时通过对这三

---

① 　其中，SFFAS 为"Statements of Federal Financial Accounting Standards"的缩写，即联邦财务会计准则公告；数字"38"则表示该公告是第 38 号公告。

者的估算来估算油气资产价值，即先考察属于政府资产范畴的油气储量，以及相应的油气价格，然后估算相关油气的价值，最后基于估算的油气价值，估算出相应需缴纳的资源税、矿产资源补偿费和石油特别收益金的金额，三者之和即为估算的油气资产价值。

2017 年 7 月 4 日，国务院发布《国务院关于印发矿产资源权益金制度改革方案的通知》（国发〔2017〕29 号，以下简称《权益金通知》），明确提出要"建立符合我国特点的新型矿产资源权益金制度"。按照《权益金通知》，一是"在矿业权出让环节，将探矿权采矿权价款调整为矿业权出让收益"，二是"在矿业权占有环节，将探矿权采矿权使用费整合为矿业权占用费"，三是"在矿产开采环节，组织实施资源税改革"，四是"在矿山环境治理恢复环节，将矿山环境治理恢复保证金调整为矿山环境治理恢复基金"。从具体内容来看，《权益金通知》对应的权益金包括"矿业权出让收益"、"矿业权占用费"、"资源税"（矿产资源补偿费并入资源税）和"矿山环境治理恢复基金"，与本书 2010 ~ 2014 年的估算过程相比，多了"矿业权出让收益"、"矿业权占用费"和"矿山环境治理恢复基金"，少了石油特别收益金，这证明本书基于"权利金"的估算思路是合理且符合未来发展方向的。

考虑到《权益金通知》于 2017 年发布，所以本书对 2015 年油气资产的估算依然沿用一贯的估算方法。另外，《财政部 国家税务总局关于调整原油、天然气资源税有关政策的通知》（财税〔2014〕73 号）规定，"原油、天然气矿产资源补偿费费率降为零"，并于 2014 年 12 月 1 日起执行。所以，本书估算的 2015 年数据中，矿产资源补偿费为 0，只需估算资源税和石油特别收益金两项，这与以前年度的估算不同。

（2）油气集中度

由于需要满足政府资产定义的要求，因此油气储量需选择经济可采储量，即"在当前已实施的或肯定要实施的技术条件下，按当前的经济条件（如价格、成本等）估算的，可经济开采的油气数量"（国家质量监督检验检疫总局中国国家标准化管理委员会，2004）。但由于数据可获得性限制，石油天然气经济可采储量缺乏全国的数据。一个替代性思路是，中国石油天然气市场份额主要由中石油、中石化、中海油三家企业控制，如果全国的油气储量也比较集中地由这三者掌握，那么就可以用这三者的油气储量作为估算油气资产的替代考察对象。因此，需要首先考察油气集中度，即三家油气企业油气储量与全国油气储量的对比。数据来源是中石油等三家油气企业的年报和《中国统计年鉴》。2015 年数据的具体情况见表 13。

表13　油气储量对比（2015 年）

项目	中石油	中石化	中海油	三家合计	全国
石油（亿吨）	10.35	2.68	1.94	14.97	34.96
天然气（亿立方米）	21,480.59	2,138.49	1,516.35	25,135.43	40,206.40

注：油气储量均为国内储量，不包括海外储量。

从表 13 可看出，2015 年三家企业所拥有的石油储量之和占全国储量的比例超过 40%，天然气储量之和占全国储量的比例超过 60%。需说明的是，《中国统计年鉴》的数据为技术可采储量，如果转化为经济可采储量数值将有一定幅度的下降，而三家企业的储量已经直接是经济可采储量。因此，可以认为中国油气储量的集中度较高，主要集中于中石油等三家油气企业，在数据可获得性存在限制的情况下，以这三家企业的油气储量作为替代来考察油气资产价值是较为合理的选择。

（3）油气价格

油气价格的思路比较直接，可以通过计算三家油气企业以销售量为权数的加权销售价格得到。[1] 计算基础是三家油气企业年报中披露的油气平均实现销售价格和销售量，它们来源于各企业 2015 年的年报。具体结果见表 14 和表 15。

表14　石油的加权销售价格（2015 年）

指标	中石油	中石化	中海油	总计
平均实现销售价格（元/吨）	2,134	2,019	2,358.05	
销售量（吨）	101,620,000	9,674,000	54,675,870	165,969,870
权重（%）	61.23	5.83	32.94	100.00
加权销售价格（元/吨）	1,306.61	117.68	776.82	2,201.11

（4）油气资产：价值估算

将表 14 和表 15 中的石油加权销售价格和天然气加权销售价格分别作为销售价，以 2015 年末三家企业的石油储量之和与天然气储量之和分别作为销售量，分别计算出相应的资源税和石油

---

[1] 直接使用各企业的油气平均实现销售价格与各企业的油气储量相乘来得到油气储量的价值是一种更好的估算思路。本书采用这种估算方法是试图在一定程度上反映未来市场销售份额对价格可能产生的影响。

表15 天然气的加权销售价格（2015 年）

指标	中石油	中石化	中海油	总计
平均实现销售价格（元/千立方米）	1,371	1,519	1,405	
销售量（亿立方米）	1,581.10	184.40	125.73	1,891.23
权重(%)	83.60	9.75	6.65	100.00
加权销售价格（元/千立方米）	1,146.18	148.11	93.38	1,387.67

特别收益金，加总后就可得到截至 2015 年末的油气资产的价值。

（5）资源税

按照《财政部 国家税务总局关于调整原油、天然气资源税有关政策的通知》（财税〔2014〕73 号）的规定，"原油、天然气矿产资源补偿费费率降为零，相应将资源税适用税率由 5% 提高至 6%"；而按照《财政部 国家税务总局关于全面推进资源税改革的通知》（财税〔2016〕53 号）规定，"已实施从价计征的原油、天然气、煤炭、稀土、钨、钼等 6 个资源品目资源税政策暂不调整，仍按原办法执行"，因此，估算石油天然气资源税所采用的基本税率就是 6%。但是由于存在税收优惠政策，实际执行的税率与基本税率又有不同，《财政部 国家税务总局关于调整原油、天然气资源税有关政策的通知》给出了 27 家陆上油气田企业原油、天然气资源税的综合减征率和实际征收率，实际征收率都低于 6%（2014 年 12 月 1 日起执行）。综合现实性和谨慎性原则等相关因素考虑，本书以这 27 家油气企业实际执行税率的算术平均数作为估算依据的资源税税率，结果见表16。进一步的，资源税的具体估算结果如表17、表18所示。

表16 27家油气企业资源税实际执行税率（2015年）

27家油气企业石油天然气资源税实际执行税率（%）						
5.22	4.56	4.97	5.18	4.91	5.74	3.60
6.00	5.32	4.91	5.96	5.60	5.56	5.95
5.47	4.56	4.80	4.43	5.39	5.66	3.84
4.80	5.03	4.80	5.47	3.60	6.00	
算术平均						5.09

表17 石油资源税（2015年）

项目	加权价格（元/吨）	剩余储量（亿吨）	销售额（亿元）	适用税率（%）	资源税（亿元）
金额	2,201.11	14.97	32,947.26	5.09	1,675.80

表18 天然气资源税（2015年）

项目	加权价格（元/千立方米）	剩余储量（亿立方米）	销售额（亿元）	适用税率（%）	资源税（亿元）
金额	1,387.67	25,135.43	34,879.60	5.09	1,774.08

（6）石油特别收益金

按照《财政部关于印发〈石油特别收益金征收管理办法〉的通知》（财企〔2006〕72号）的规定，"石油特别收益金，是指国家对石油开采企业销售国产原油因价格超过一定水平所获得的超额收入按比例征收的收益金""凡在中华人民共和国陆地领域和所辖海域独立开采并销售原油的企业，以及在上述领域以合资、合作等方式开采并销售原油的其他企业（以下简称合资合作企业），均应当按照本办法的规定缴纳石油特别收益金""石油特别收益金实行 5 级超额累进从价定率计征，按月计算、按季缴纳""石油特别收益金征收比率按石油开采企业销售原油的月加权平均价格确定。 为便于参照国际市场油价水平，原油价格按美元／桶计价，起征点为 40 美元／桶"。 另外，按照《关于提高石油特别收益金起征点的通知 》（ 财税〔 2014 〕115 号），"从2015 年 1 月 1 日起，将石油特别收益金起征点提高至 65 美元／桶。 起征点提高后，石油特别收益金征收仍实行 5 级超额累进从价定率计征"。

　　基于上述制度规定，可以考察截至 2015 年末，三家企业剩余油气储量应缴纳的石油特别收益金。 由于石油特别收益金的征收与石油价格密切相关，所以需考察 2015 年的石油销售价格，按本书的估算方法，即为表 14 所估算的加权销售价格。 按照《财政部关于印发〈 石油特别收益金征收管理办法 〉的通知》规定，"计算石油特别收益金时，原油吨桶比按石油开采企业实际执行或挂靠油种的吨桶比计算；美元兑换人民币汇率以中国人民银行当月每日公布的中间价按月平均计算"。 前者，本书以三家油气企业 2015 年年报中反映的较高的吨桶比 7. 389 为准；后者，本书根据国家外汇管理局的人民币兑美元中间价数据，计算 2015 年 12 月的人民币兑美元的月平均汇率（算术平均数）。具体情况如表 19 所示。

　　由表 19 可知，按照本书的估算方法，截至 2015 年 12 月底时，三家油气企业剩余石油储量对应的销售价格换算成美元为

表 19　石油销售价格换算成美元（2015 年）

项目	销售价格（元/吨）	起征点（美元/桶）	吨桶比	美元兑人民币汇率（2015 年 12 月，月平均）	换算成美元的销售价格（美元/桶）
石油	2,201.11	65	7.389	644.76	46.20

46.20 美元/桶，低于 2015 年 1 月 1 日起执行的石油特别收益金起征点 65 美元/桶，不需要缴纳石油特别收益金。 因此本书估算的 2015 年油气资产的价值（见表 20）中，石油特别收益金的部分为 0 。

表 20　油气资产价值（2015 年）

单位：亿元

项目	资源税		石油特别收益金	合计
	石油	天然气		
金额	1,675.80	1,774.08	0	3,449.87

3.5.4　财力性资产的估算结果

由以上估算过程，可以得到截至 2015 年末的财力性资产的估算结果，具体见表 21 。

表 21　财力性资产价值（2015 年）

单位：亿元

项目	国有经济		土地资产	油气资产	合计
	企业	金融机构			
总额	378,101.70	79,549.79	393,970.37	3,449.87	855,071.74

3.6 政府资产情况小结（2010~2015年）

按前述的估算政府资产的方法、过程和说明等，本书得到了
2010~2015 年的中国政府资产的估算结果，如表 22 所示。

表22 中国政府资产规模（2010~2015 年）

单位：亿元

服务性资产		
项目	**2010 年**	**2011 年**	**2012 年**
金融资产	100,003.86	144,138.40	168,074.70
固定资产	59,228.99	65,602.73	72,662.36
存货及相关资产	1,566.14	1,783.55	2,031.15
无形资产	513.08	712.74	990.10
在建工程	191.42	219.49	306.21
项目	**2013 年**	**2014 年**	**2015 年**
金融资产	202,667.49	236,935.01	260,512.31
固定资产	76,628.77	84,057.16	91,942.78
存货及相关资产	3,708.45	4,124.85	5,096.71
无形资产	992.00	1,912.80	2,321.87
在建工程	17,085.31	31,429.22	38,653.93
财力性资产		
项目	**2010 年**	**2011 年**	**2012 年**
国有经济	222,312.64	256,158.13	302,266.60
资源性资产	678,583.87	386,514.41	472,448.54
项目	**2013 年**	**2014 年**	**2015 年**
国有经济	344,783.02	400,512.67	457,651.49
资源性资产	489,884.80	352,626.29	397,420.25

4

中国政府负债的规模估算

根据前述估算原则，本书对政府负债的估算以表 4 的框架为基础，逐项进行讨论。

4.1 直接显性负债

4.1.1 国债内债

数据来源是财政部。 根据《2016 年中央财政国债余额决算表》，2015 年末国债余额实际数的内债余额为 105,467.48 亿元。

4.1.2 地方政府直接负债

2014 年以前的数据来源于审计署。 在对 2013 年的估算中，按照审计署《全国政府性债务审计结果》公布的数据，截至 2013 年 6 月底，地方政府负有偿还责任的债务总计 108,859.17 亿元。 由于数据可得性限制，本书将其作为截至 2013 年末的地方政府负有偿还责任债务的总额，对地方政府或有负债也按同样方式处理。 对 2011 年和 2012 年地方政府债务的估算，先根据

2013 年审计署发布的《36 个地方政府本级政府性债务审计结果》中的相关数据，估算出 2011 年和 2012 年地方政府负债的平均增长率，然后根据 2011 年审计署发布的《全国地方性政府债务审计结果》中截至 2010 年末的地方政府债务数据，估算这两年的地方政府负债。

2014 年数据直接来自《关于提请审议批准 2015 年地方政府债务限额的议案的说明》，①按照该说明，2014 年末全国地方政府债务（即审计口径中政府负有偿还责任的债务）余额为 15.4 万亿元。

2014 年以后的数据来自财政部。根据《2016 年地方政府一般债务余额决算表》，2015 年末地方政府一般债务余额实际数为 92,619.04 亿元；根据《2016 年地方政府专项债务余额决算表》，2015 年末地方政府专项债务余额实际数为 54,949.33 亿元，二者合计共 147,568.37 亿元。

4.1.3　对外债的处理

2014 年以前，本书按照表 4 的框架估算外债，数据来源是国家外汇管理局网站发布的《中国对外债务简表》，可以直接获得相关数据。

自 2014 年起，外汇管理局改按国际货币基金组织数据公布特殊标准调整外债统计口径并公布全口径外债数据，不再公布

---

① 楼继伟,2015 年 8 月 24 日在第十二届全国人民代表大会常务委员会第十六次会议上。

《中国对外债务简表》，因此本书对 2014 年及以后的外债的估算只能改为依据外汇管理局新发布的《中国全口径外债情况表》。按照该表，外债分为广义政府负债（长短期）、中央银行负债（长短期）、其他接受存款公司负债（长短期）、其他部门负债（长短期）和"直接投资：公司间贷款"五个部分。对照表4，结合前文的相关讨论，本书将广义政府负债计入外债直接负债，将其他接受存款公司负债（长短期）、其他部门负债（长短期）和"直接投资：公司间贷款"计入外债或有（隐性）负债。至于中央银行负债，依前述本书不在资产负债表中反映央行的资产负债情况，因此不计入。基于外管局的《中国全口径外债情况表》反映的 2015 年 12 月末的广义政府外债余额1,114亿美元和人民币兑美元中间价100：649.36，可以得到截至2015 年末外债直接负债为 7,233.87 亿元。

4.1.4　直接显性负债合计

综合之前对直接显性负债的估算结果，即可得到截至2015 年末中国政府负债中直接显性负债的总额。具体如表 23所示。

表23　中国政府负债：直接显性负债（2015 年）

单位：亿元

项目	国债内债余额	地方政府直接负债（负有偿还责任的债务）	外债直接负债	直接显性负债合计
金额	105,467.48	147,568.37	7,233.87	260,269.72

资料来源：根据财政部、国家外汇管理局的数据估算。

4.2　或有和隐性负债

4.2.1　准公共部门发行的债券①

这一部分负债主要包括政策性银行、国家开发银行（以下简称国开行）和中国铁路总公司（包括原铁道部，下同）发行的债券。 其中，按照《中国银监会关于国家开发银行债信问题的批复》（银监复〔2013〕556 号），国开行"在 2015 年 12 月 31 日之前发行的人民币债券风险权重确定为 0，直至债券到期，并且暂视同政策性金融债处理"，因此，本书考察期内国家开发银行发行的政策性债券仍应视作政策性债券处理。 同时，考虑到"穆迪、标准普尔等专业评级机构，连续多年对国开行评级与中国主权评级保持一致"；②并且，按照《国务院关于同意国家开发银行深化改革方案的批复》，国开行定位为"开发性金融机构"，而开发性金融的内涵之一就是"以国家信用为依托"，③因此，按照谨慎性原则，本书将国开行发行的所有债券都纳入估算范围。

---

① 所谓"准公共部门发行的债券"是已有研究的称谓，出于方便，本书直接使用该称谓，并非指发行主体就是准公共部门。本项负债应关注其包含的实际组成内容。
② 国家开发银行网站，"开行简介"，http://www.cdb.com.cn/gykh/khjj/。
③ 国家开发银行网站，"关于开发性金融"，http://www.cdb.com.cn/gykh/khjj/。

中国铁路总公司虽然是企业，但根据国家发展改革委员会办公厅《关于明确中国铁路建设债券政府支持性质的复函》（发改办财金〔2011〕2482号），中国铁路建设债券是经国务院批准的政府支持债券。因此本书将中国铁路总公司的铁路建设债券纳入估算范围。

政策性银行、国开行所发行债券余额的有关数据，可从相关年报中获得。中国铁路总公司发行债券的情况，可从每年年初铁路总公司债券发行相关文件中获得截至上一年末的已发行未到期债券的情况。2015年具体情况详见表24。

表24　准公共部门发行的债券（2015年）

单位：亿元

准公共部门	应付债券余额
国开行	73,013.72
中国农业发展银行	27,501.28
中国进出口银行	19,404.89
中国铁路总公司	10,385.00
合　计	130,304.89

资料来源：三家银行2015年的年报，以及《2016年第一期中国铁路建设债券募集说明书摘要》。

4.2.2　地方政府或有负债

2014年以前的数据来源是审计署。按照审计署《全国政府性债务审计结果》公布的数据，截至2013年6月末，地方政府负有担保责任的负债为26,655.77亿元，政府可能承担一定救助责任的负债为 43,393.72 亿元，二者合计为 70,049.49 亿元。在对 2011 年和 2012 年这两类地方政府负债进行估算时，按审计署相关政府债务审计结果公告中的口径，还需要扣除债权人为上级财政的部分，然后再按照审计结果公告中提供的相关增长率，综合考虑各种因素进行估算。

2014 年数据直接来源于《关于提请审议批准 2015 年地方政府债务限额的议案的说明》（楼继伟，2015 年 8 月 24 日在第十二届全国人民代表大会常务委员会第十六次会议上）。按照该说明，2014 年末，全国地方政府或有负债（包括审计口径中政府负有担保责任的债务、政府可能承担一定救助责任的债务）为 8.6 万亿元。

2014 年以后，在各种公开数据中无法获得地方政府或有负债的有关数据。2016 年 10 月 27 日成文、11 月 14 日发布的《国务院办公厅关于印发〈地方政府性债务风险应急处置预案〉的通知》（国办函〔2016〕88 号，以下简称"2016 年 88 号文"）中，对地方政府存量或有债务的规定如下。

（1）存量担保债务。存量担保债务不属于政府债务。按照《中华人民共和国担保法》（以下简称《担保法》）及其司法解释规定，除外国政府和国际经济组织贷款外，地方政府及其部门出具的担保合同无效，地方政府及其部门对其不承担偿债责任，仅依法承担适当民事赔偿责任，但最多不应超过债务人不能清偿部分的二分之一；担保额小于债务人不能清偿部分二分之一的，以担保额为限。

具体金额由地方政府、债权人、债务人参照政府承诺担保金额、财政承受能力等协商确定。

（2）存量救助债务。 存量救助债务不属于政府债务。 对政府可能承担一定救助责任的存量或有债务，地方政府可以根据具体情况实施救助，但保留对债务人的追偿权。

由此可见，接近 2016 年末时，对于存量或有债务的处置才有明确的官方基调，并且大幅减少了政府可能承担的源自或有负债的债务总额。 基于此，按照谨慎性原则，本书在估算时仍采取 2014 年末的地方政府或有负债总额作为 2015 年的地方政府或有负债总额。

4.2.3　国有金融机构不良资产

国有金融机构不良资产包括两部分：一是解决历史问题的成本，主要是国有商业银行不良资产的剥离、注资与核销、处理损失等成本和农村信用合作社（以下简称农信社）改革成本。 已有一些相关研究得出了比较详细的结果，包括孙涛、张晓晶（2007），刘煜辉（2010）等。 本书直接引用这些研究的结果，并按其思路补充新的数据。 二是解决历史问题后国有商业银行新发生的不良资产。

不良资产处理损失方面，按照苗燕（2008），截至 2006 年末，四家资产管理公司已完成政策性不良资产处置任务，累计处置政策性不良资产 12,102.82 亿元，累计回收现金 2110 亿元。 二者相减，实际损失为 9,992.82 亿元。 不良资产剥离成本方面，按照孙涛、张晓晶（2007），2003～2005 年中国银行、中国建设银行和中国工商银行剥离了 5,000 多亿元不良资产；按照刘煜辉（2010），2008 年中国农业银行剥离了不良资产近 8,000 亿元。 不良资产注资与核销成本方面，按照孙涛、张晓晶（2007），共计约 9,900 亿元。 此外，农信社改革成本，按照刘煜辉（2010），用于该项改革的专项央行票据金额为 1,378 亿元。 这样，截至 2010 年，解决历史问题的成本共计约 34,270.82 亿元。

　　2010 年以后数据推算中，由于解决历史问题成本方面没有新的有关资料，无法考察其变化，所以依据谨慎性原则，本书以 2010 年的数据作为后续各相关年份解决历史问题成本的负债规模，然后加上每年国有商业银行的不良资产，得到国有金融机构不良资产的估算总额。 后者的数据来源于银监会的年报。 2015 年大型商业银行、城商行和农商行的不良贷款为 10,077.30 亿元。因此，截至 2015 年末，国有金融机构的不良资产约为 44,348.12 亿元。

4.2.4　外债或有（隐性）负债

　　依前述，在 2014 年以前，根据《2013 年末中国对外债务简表》的数据，可以得到除国务院部委所借外债、中资金融机构承担的外国政府贷款之外，其余私人部门所借外债总额，然后按照相应的人民币汇率中间价计算外债或有（隐性）负债的总规模。

　　2014 年开始，将其他接受存款公司负债（长短期）、其他部门负债（长短期）和"直接投资：公司间贷款"计入外债或有（隐性）负债。 按照《中国全口径外债情况表》，2015 年 12 月末其他接受存款公司外债余额为 6,120 亿美元、其他部门外债余额为 4,272 为亿美元、"直接投资：公司间贷款"为 1,894 亿美元，再结合人民币兑美元中间价 100∶649.36，可以得到截至 2015 年末的外债或有（隐性）负债为 79,780.37 亿元。

4.2.5　社保基金缺口

对于社保基金缺口是否应当纳入政府资产负债表的报表，有较大争议，故本书在框架构建中并未将社保基金缺口纳入报表的负债方，而是将其放在资产负债表附注中进行反映。考虑到未来社保基金缺口，尤其是隐性养老金负债的重大影响，在估算政府负债规模时应当对此有所考虑。但是，对社保基金缺口的估算，受人口增长率预测、经济增长率预测等前置条件的影响太大；随着时间的变化，估算结果也需要随之进行相应的修正，学界至今都没有得出比较统一的结果。因此，本书按照前述原则，直接引用已有关于社保基金缺口的研究结果，但只作为参考值引入。① 出于谨慎性原则，本书选取各相关研究中提供的最大的社保基金缺口估计结果 10 万亿元作为参考值，以此作为 2010～2015 的社保基金缺口参考性数据。

4.2.6　或有和隐性负债的相关结果

综合以上分析，可以得到截至 2015 年末的或有和隐性负债的估算结果，具体如表 25 所示。

---

① 在估算结果中计入社保基金缺口，但在具体分析时分计入、不计入社保基金缺口两种情况进行讨论。

表25　中国政府负债：或有和隐性负债（2015年）

单位：亿元

项目	地方政府 或有负债	准公共部门 发行的债券	国有金融 机构不良资产	外债或有 （隐性负债）	社保基金 缺口	合　计
金额	86,000.00	130,304.89	44,348.12	79,780.37	100,000.00	440,433.38

资料来源：同前。

4.3　政府负债情况小结（2010～2015年）

按前述对政府负债的数据来源、处理方法和估算过程，可以得到 2010～2015 中国政府负债的估算结果。 对于或有负债的处理需要说明。 **根据估算的谨慎性原则，本书在计算政府负债总额时，将或有负债可能转化为直接负债的比率设为 100%，即所有或有负债都会转化为直接负债。 但在现实中，或有负债是不可能全部转化为直接负债的，因此本书的估算结果应视作中国政府负债的最大可能值。 另外，在后文的部分相关分析中，本书将对或有负债按不同转化率进行讨论。 2010～2015 中国政府负债的相关估算结果见表 26。**

表26　中国政府负债规模（2010~2015年）

单位：亿元

类别	2010年	2011年	2012年	2013年	2014年	2015年
直接显性负债						
国债内债余额	66968.66	71410.80	76747.91	85836.05	95655.45	105467.48
地方政府直接负债	68978.68	74825.79	79368.60	108859.17	154000.00	147568.37
外债直接负债	4694.04	4452.85	4211.66	5802.26	6938.95	7233.87
或有和隐性负债						
地方政府或有负债	37718.30	40084.37	42598.86	70049.49	86000.00	86000.00
准公共部门发行的债券	57955.93	72151.80	85825.70	98692.97	109668.24	130304.89
国有金融机构不良资产	41687.82	41630.52	42280.32	43273.12	42972.12	44348.12
外债或有（隐性）负债	31660.48	39338.23	44108.04	30017.51	99366.44	79780.37
社保基金缺口	100000.00	100000.00	100000.00	100000.00	100000.00	100000.00

注：外债因口径发生变化，故所有年份按照统一项目归并。

资料来源：按前文所述估算。

5

估算的中国政府资产
负债表总规模

　　将表 22 和表 26 的数据进行综合，就可以得到本书计算的
2010~2015 中国政府资产负债表的总规模，包括资产总额、负
债总额和净资产总额。 具体如表 27 至表 29 所示。

表 27　中国政府资产负债表的总规模（资产方，2010~2015 年）

单位：亿元

类别	2010 年	2011 年	2012 年
	服务性资产		
金融资产	100,003.86	144,138.40	168,074.70
固定资产	59,228.99	65,602.73	72,662.36
存货及相关资产	1,566.14	1,783.55	2,031.15
无形资产	513.08	712.74	990.10
在建工程	191.42	219.49	306.21
小　　计	161,503.49	212,456.91	244,064.52
类别	2013 年	2014 年	2015 年
	服务性资产		
金融资产	202,667.49	236,935.01	260,512.31
固定资产	76,628.77	84,057.16	91,942.78
存货及相关资产	3,708.45	4,124.85	5,096.71
无形资产	992.00	1,912.80	2,321.87
在建工程	17,085.31	31,429.22	38,653.93
小　　计	301,082.02	358,459.04	398,527.60

续表

类别	2010 年	2011 年	2012 年
	财力性资产		
国有经济	222,312.64	256,158.13	302,266.60
资源性资产	678,583.87	386,514.41	472,448.54
小　计	900,896.51	642,672.54	774,715.14

类别	2013 年	2014 年	2015 年
	财力性资产		
国有经济	344,783.02	400,512.67	457,651.49
资源性资产	489,884.80	352,626.29	397,420.25
小　计	834,667.81	753,138.95	855,071.74

类别	2010 年	2011 年	2012 年
	总资产		
合　计	1,062,400.00	855,129.45	1,018,779.66

类别	2013 年	2014 年	2015 年
	总资产		
合　计	1,135,749.83	1,111,597.99	1,253,599.34

资料来源：本书计算。

表28　中国政府资产负债表的总规模（负债方，2010~2015 年）

单位：亿元

类别	2010 年	2011 年	2012 年
	直接显性负债		
国债内债余额	66,968.66	71,410.80	76,747.91
地方政府直接负债	68,978.68	74,825.79	79,368.60
外债直接负债	4,694.04	4,452.85	4,211.66
小　计	140,641.38	150,689.44	160,328.17

类别	2013 年	2014 年	2015 年
	直接显性负债		
国债内债余额	85,836.05	95,655.45	105,467.48
地方政府直接负债	108,859.17	154,000.00	147,568.37
外债直接负债	5,802.26	6,938.95	7,233.87
小　计	200,497.48	256,594.40	260,269.72

续表

类别	2010 年	2011 年	2012 年
	或有和隐性负债		
地方政府或有负债	37,718.30	40,084.37	42,598.86
准公共部门发行的债券	57,955.93	72,151.80	85,825.70
国有金融机构不良资产	41,687.82	41,630.52	42,280.32
外债或有（隐性）负债	31,660.48	39,338.23	44,108.04
社保基金缺口	100,000.00	100,000.00	100,000.00
小　计	269,022.53	293,204.92	314,812.92

类别	2013 年	2014 年	2015 年
	或有和隐性负债		
地方政府或有负债	70,049.49	86,000.00	86,000.00
准公共部门发行的债券	98,692.97	109,668.24	130,304.89
国有金融机构不良资产	43,273.12	42,972.12	44,348.12
外债或有（隐性）负债	30,017.51	99,366.44	79,780.37
社保基金缺口	100,000.00	100,000.00	100,000.00
小　计	342,033.09	438,006.80	440,433.38

类别	2010 年	2011 年	2012 年
	总负债		
合　计	409,663.91	443,894.36	475,141.09

类别	2013 年	2014 年	2015 年
	总负债		
合　计	542,530.57	694,601.20	700,703.10

资料来源：本书计算。

表29　中国政府资产负债表的总规模（净资产，2010~2015 年）

单位：亿元

项目	2010 年	2011 年	2012 年
净资产（计入社保基金缺口）	652,736.09	411,235.09	543,638.57
净资产（不计社保基金缺口）	752,736.09	511,235.09	643,638.57
项目	2013 年	2014 年	2015 年
净资产（计入社保基金缺口）	593,219.27	416,996.79	552,896.24
净资产（不计社保基金缺口）	693,219.27	516,996.79	652,896.24

资料来源：本书计算。

6

中国政府资产负债表分析

6.1 对资产方的分析

6.1.1 总资产规模及结构分析

按照前述分析思路，首先对中国政府资产负债表的资产方进行分析。

从资产方的规模来看，政府资产的总规模庞大。由表27可知，2010～2015年，中国政府的总资产几乎都超过百万亿元人民币规模，2015年超过125万亿元。从2010～2015年的发展趋势来看，中国政府总资产与当年中国GDP的相对规模，在1.8倍左右，具体见表30。

表30 中国政府资产总额及相对规模（2010～2015年）

项目	2010 年	2011 年	2012 年
总资产（亿元）	1,062,400.00	855,129.45	1,018,779.66
GDP（亿元）	413,030.30	489,300.60	540,367.40
总资产/GDP（%）	257.22	174.77	188.53

续表

项目	2013 年	2014 年	2015 年
总资产（亿元）	1,135,749.83	1,111,597.99	1,253,599.34
GDP（亿元）	595,244.40	643,974.00	685,505.80
总资产/GDP（%）	190.80	172.62	182.87

资料来源：国家统计局、本书计算。

　　由表 22 可以分别计算服务性资产和财力性资产的总额，以及二者在政府总资产中的占比。 具体见表 31 和表 32。

表31　服务性资产总额及相对规模（2010～2015 年）

项目	2010 年	2011 年	2012 年
服务性资产（亿元）	161,503.49	212,456.91	244,064.52
在总资产中占比(%)	15.20	24.84	23.96
项目	2013 年	2014 年	2015 年
服务性资产（亿元）	301,082.02	358,459.04	398,527.60
在总资产中占比(%)	26.51	32.25	31.79

资料来源：本书计算。

表32　财力性资产总额及相对规模（2010～2015 年）

项目	2010 年	2011 年	2012 年
财力性资产（亿元）	900,896.51	642,672.54	774,715.14
在总资产中占比(%)	84.80	75.16	76.04
项目	2013 年	2014 年	2015 年
财力性资产（亿元）	834,667.81	753,138.95	855,071.74
在总资产中占比(%)	73.49	67.75	68.21

资料来源：本书计算。

由表 31 和表 32 可知，从 2010~2015 的发展趋势看，服务性资产总额从 16 万亿元左右增加到 40 万亿元左右，在总资产中的占比则从约15%增加到约32%，增幅增加超过一倍。 财力性资产总额的波动较大，最高达到超过 90 万亿元，最低不到65 万亿元；在总资产中的占比则呈下降趋势，从近85% 下降到不到70% 。 总的看来，2010~2015 年，中国政府的服务性资产规模增长较快，在总资产中占比也增长较快，但相对规模仍较小；财力性资产规模波动较大，在总资产中占比呈下降趋势，但相对规模仍较大。

综上可见，**中国政府总资产规模巨大，基本维持百万亿元水平，2013~2015 年更是维持在 110 万亿元以上；整体结构以财力性资产为主，服务性资产为辅，至 2015 年，二者占比大致七三开**。 也就是说，中国规模巨大的政府资产中，主要体现经济利益的资产占了多数，主要体现服务潜能的资产则较少。 这样的资产结构给予了中国政府较多可能用于抵御的资源。 因为就服务性资产而言，一方面，为了确保政府提供公共服务的能力和政府本身的正常运营，许多服务性资产难以甚至无法用于偿还债务；另一方面，服务性资产主要体现服务潜能，其经济利益较不明显，也难以实现，从而能够提供的用于偿还债务的资金也比较有限。 而财力性资产则相反，多数财力性资产都可以用于偿还债务，而且能够提供的用于偿还债务的资金也相对更多。 因此，仅考虑政府总资产，可以认为中国政府掌控着比较充足的可用于抵御的资源。

6.1.2 财力性资产规模及结构分析

依前述，**本书主要关注财力性资产，因此应对财力性资产做**

进一步解构。 财力性资产的主要构成为国有经济和资源性资产；其中，国有经济又包括企业的国有净资产和金融机构的国有净资产，资源性资产又包括土地资产和油气资产。根据前文估算的相关数据，可以计算出 2010～2015 年财力性资产各组成部分的相对比例，具体如表 33 至表 35 所示。

表 33　财力性资产的规模和结构 I（2010～2015 年）

项目	2010 年	2011 年	2012 年
国有经济（亿元）	222,312.64	256,158.13	302,266.60
资源性资产（亿元）	678,583.87	386,514.41	472,448.54
财力性资产合计（亿元）	900,896.51	642,672.54	774,715.14
国有经济占比(%)	24.68	39.86	39.02
资源性资产占比(%)	75.32	60.14	60.98
项目	2013 年	2014 年	2015 年
国有经济（亿元）	344,783.02	400,512.67	457,651.49
资源性资产（亿元）	489,884.80	352,626.29	397,420.25
财力性资产合计（亿元）	834,667.81	753,138.95	855,071.74
国有经济占比(%)	41.31	53.18	53.52
资源性资产占比(%)	58.69	46.82	46.48

资料来源：本书计算。

表 34　财力性资产的规模和结构 II（2010～2015 年）

项目	2010 年	2011 年	2012 年
企业的国有净资产（亿元）	187,492.90	217,307.70	255,119.24
金融机构的国有净资产（亿元）	34,819.74	38,850.43	47,147.36
国有经济合计（亿元）	222,312.64	256,158.13	302,266.60
企业的国有净资产(%)	84.34	84.83	84.40
金融机构的国有净资产(%)	15.66	15.17	15.60

续表

项目	2013 年	2014 年	2015 年
企业的国有净资产（亿元）	293,339.10	336,947.80	378,101.70
金融机构的国有净资产（亿元）	51,443.92	63,564.87	79,549.79
国有经济合计（亿元）	344,783.02	400,512.67	457,651.49
企业的国有净资产(%)	85.08	84.13	82.62
金融机构的国有净资产(%)	14.92	15.87	17.38

资料来源：本书计算。

表35　财力性资产的规模和结构Ⅲ（2010~2015 年）

项目	2010 年	2011 年	2012 年
土地资产（亿元）	665,476.66	359,567.28	442,267.75
油气资产（亿元）	13,107.21	26,947.14	30,180.79
资源性资产合计（亿元）	678,583.87	386,514.41	472,448.54
土地资产占比(%)	98.07	93.03	93.61
油气资产占比(%)	1.93	6.97	6.39
项目	**2013 年**	**2014 年**	**2015 年**
土地资产（亿元）	461,493.53	336,863.19	393,970.37
油气资产（亿元）	28,391.27	15,763.09	3,449.87
资源性资产合计（亿元）	489,884.80	352,626.29	397,420.25
土地资产占比(%)	94.20	95.53	99.13
油气资产占比(%)	5.80	4.47	0.87

资料来源：本书计算。

　　由表33 可知，在财力性资产中，国有经济和资源性资产的规模都十分庞大。2010~2015 年，国有经济从约22 万亿元增加到近46 万亿元，增长了约一倍；在财力性资产中的占比，从约 25% 增加到约 54%，提高了一倍以上，增速较快。 资源性资产则经历了较为剧烈的波动过程，从近 70 万亿元降低至近 40 万亿元；在财力性资产中的占比，则从 75% 左右下降至不到 50% 。 总的来看，当前中国政府控制的财力性资产中，国有经济和资源性资产的相对格局从资源性资产占主要份额，变为二者大致平衡，国有经济稍占优势。 这种结构体现出政府调配、使用财力资源具有较大的灵活性。

由表 34 可知，在国有经济中，企业的国有净资产占据了主要份额，金融机构的国有净资产则相对较少。 2010 ～ 2015 年，企业的国有净资产从 18.7 万亿元增加至近 38 万亿元，金融机构的国有净资产则从约 3.5 万亿元增加到近 8 万亿元。 两者的规模都较大，增速也比较快。 在二者的相对格局方面，国有经济的内部格局比较稳定，企业的国有净资产占据了主要份额，基本维持 80% 以上的占比。 金融机构的国有净资产则相对较少，占比未超过 20% 。 从抵御的角度看，这种结构是比较理想的。因为金融机构的国有净资产对于保持金融稳定、防范金融风险等都具有重要影响，不应进行退出性调整（刘尚希、赵全厚，2002）；同时，从实际来看，政府出售这部分资产的空间和可能性都比较有限。 这样，金融机构的国有净资产用于抵御的能力有比较大的限制，反之，企业的国有净资产所受到的类似限制则少得多，可供调整的空间更大。 因此，国有经济中企业的国有净资产占多数，对于抵御而言更加有利。

从表 35 可知，资源性资产的变动比较剧烈，但内部格局稳定，土地资产占了绝大部分，油气资产则只占很小部分。 2010 ～

2015 年，土地资产从近 66 万亿元减少至不到 40 万亿元，但占比都维持在 90% 以上；油气资产从约 1.3 万亿元减少至不到 4,000 亿元，占比都在 10% 以下。这种资产结构有一些不利因素，主要是土地资产与土地价格息息相关，而决定土地价格的土地市场则容易发生剧烈变动。一旦土地市场出现大幅波动，土地资产的价值也会随之发生大幅波动，从而影响能够给政府提供的财力。

6.2　对负债方的分析

6.2.1　总负债规模及结构分析

从负债方的规模来看，政府负债的总规模也较为庞大。依前文所述，由于争议较大，社保基金缺口的金额在本书中是作为参考值引入，因此分析负债时需区分是否包含社保基金缺口。2010~2015 年，如果计入社保基金缺口，中国政府总负债从约 40 万亿元增加至约 70 万亿元；如果不计社保基金缺口，中国政府总负债从约 30 万亿元增加至约 60 万亿元，平均看占 GDP 的比例约为 80%。二种情形下，政府负债 5 年分别增长了约 70% 和约 100%，可见政府负债的增速较快。具体见表 36。

由表 36 还可以分别计算直接显性负债、或有和隐性负债的总额，及其在政府总负债中的占比。具体见表 37 和表 38。

表36　中国政府负债总额及相对规模（2010~2015年）

项目	2010 年	2011 年	2012 年
总负债Ⅰ（计入社保基金缺口，余同）（亿元）	409,663.91	443,894.36	475,141.09
GDP（亿元）	413,030.30	489,300.60	540,367.40
总负债Ⅰ/GDP(%)	99.18	90.72	87.93
总负债Ⅱ（不计社保基金缺口，余同）（亿元）	309,663.91	343,894.36	375141.09
总负债Ⅱ/GDP(%)	74.97	70.28	69.42
项目	2013 年	2014 年	2015 年
总负债Ⅰ（亿元）	542,530.57	694,601.20	700,703.10
GDP（亿元）	595,244.40	643,974.00	685,505.80
总负债Ⅰ/GDP(%)	91.14	107.86	102.22
总负债Ⅱ（亿元）	442,530.57	594,601.20	600,703.10
总负债Ⅱ/GDP(%)	74.34	92.33	87.63

资料来源：国家统计局，本书计算。

表37　直接显性负债总额及相对规模（2010~2015年）

项目	2010 年	2011 年	2012 年
直接显性负债（亿元）	140,641.38	150,689.44	160,328.17
在总负债中占比（计入社保基金缺口）(%)	34.33	33.95	33.74
在总负债中占比（不计社保基金缺口）(%)	45.42	43.82	42.74
项目	2013 年	2014 年	2015 年
直接显性负债（亿元）	200,497.48	256,594.40	260,269.72
在总负债中占比（计入社保基金缺口）（%）	36.52	36.94	37.14
在总负债中占比（不计社保基金缺口）（%）	44.65	43.15	43.33

资料来源：本书计算。

表38　或有和隐性负债总额及相对规模（2010 ~ 2015 年）

项目	2010 年	2011 年	2012 年
或有和隐性负债（计入社保基金缺口）（亿元）	269,022.53	293,204.92	314,812.92
或有和隐性负债（不计社保基金缺口）（亿元）	169,022.53	193,204.92	214,812.92
在总负债中占比（计入社保基金缺口）(%)	65.67	66.05	66.26
在总负债中占比（不计社保基金缺口）(%)	54.58	56.18	57.26
项目	**2013 年**	**2014 年**	**2015 年**
或有和隐性负债（计入社保基金缺口）（亿元）	342,033.09	438,006.80	440,433.38
或有和隐性负债（不计社保基金缺口）（亿元）	242,033.09	338,006.80	340,433.38
在总负债中占比（计入社保基金缺口）(%)	63.04	63.06	62.86
在总负债中占比（不计社保基金缺口）(%)	54.69	56.85	56.67

资料来源：本书计算。

　　由表 37 和表 38 可知，负债规模方面，中国政府的直接显性负债规模较大，2010 ~ 2015 年从约 14 万亿元增加到约 26 万亿元，增长约一倍。 中国政府的或有和隐性负债的规模也较大，当计入社保基金缺口时，从约 27 万亿元增加到约 44 万亿元；当不计入社保基金缺口时，从约 17 万亿元增加到约 34 万亿元。可见，中国政府的直接显性负债、或有和隐性负债的规模增长都较快，前者增长约一倍，后者在不计社保基金缺口时增长约一倍。

　　在总负债中占比方面，当计入社保基金缺口时，直接显性负债在总负债中的占比基本维持在35%左右；或有和显性负债在总负债中的占比基本维持在65%左右。当不计入社保基金缺口时，直接显性负债在总负债中的占比提高了近10个百分点，基本维持在45%左右；或有和隐性负债在总负责中的占比则降低约10个百分点，基本维持在55%左右。

　　可见，当不计入社保基金缺口时，中国政府的直接显性负债与或有和隐性负债在总负债中的占比大致为45%对55%的格局。考虑到本书对或有负债的处理是基于谨慎性原则，将所有或有负债都视作直接负债来处理，而实际中或有负债一般不会全部转化为直接负债，因此或有和隐性负债的规模和在总负债中的占比应该更小一些。这样，可以认为不计入社保基金缺口时，直接显性负债与或有和隐性负债的规模基本相当。

　　当计入社保基金缺口时，情况发生了较大变化，直接显性负债与或有和隐性负债在总负债中的占比变为35%对65%的格局，即直接显性负债在总负债中的占比降至约1/3，或有和隐性负债在总负债中的占比则升至约2/3。由于社保基金缺口并非或有负债而是直接隐性负债，因而在分析政府负债时必须全部考虑。因此，从整体结构上看，中国政府负债中或有和隐性负债应当是主要的部分，这是中国政府负债的一大特点。由于或有负债不可能都转化为直接负债，这意味着中国政府实际需要承担的负债规模应当远低于本书的估算值。

6.2.2 直接显性负债规模及结构分析

直接显性负债包括国债内债余额、地方政府直接负债、外债直接负债（国务院部委所借外债和中资金融机构承担的外国政府贷款）。由表26可以计算各部分负债的相对比例，结果如表39所示。

表39 直接显性负债构成（2010～2015年）

单位：亿元，%

项目		2010 年	2011 年	2012 年
国债内债余额	金额	66,968.66	71,410.80	76,747.91
	占比	47.62	47.32	47.87
地方政府直接负债	金额	68,978.68	74,825.79	79,368.60
	占比	49.05	49.58	49.50
外债直接负债	金额	4,694.04	4,452.85	4,211.66
	占比	3.34	2.95	2.63
项目		**2013 年**	**2014 年**	**2015 年**
国债内债余额	金额	85,836.05	95,655.45	105,467.48
	占比	41.47	37.28	40.52
地方政府直接负债	金额	108,859.17	154,000.00	147,568.37
	占比	52.59	60.02	56.70
外债直接负债	金额	5,802.26	6,938.95	7,233.87
	占比	2.80	2.70	2.78

资料来源：本书计算。

由表39可知，在直接显性负债中，规模最大的部分是地方政府直接负债。2010～2015年，地方政府直接负债的规模从近7万亿元增加到近15万亿元，增加超过一倍，增速较快，在直接显性负债中的占比从不到50%提高到超过55%。

国债内债余额是直接显性负债中的另一个主要部分。 2010～2015 年，国债内债余额的规模从近 6.7 万亿元增加到超过 10 万亿元，增加约 60%，增速也较快，但低于地方政府直接负债的增速，在直接显性负债中的占比则从约 48% 下降至约 41%。

从内外债角度来看，直接显性负债中绝大部分是内债，外债仅占不到 4% 的比重。 2010～2015 年，外债直接负债占直接显性负债的比例从约 3.3% 下降到不到 3%。

由以上分析可知，**2010～2015 年，在直接显性负债中，地方政府直接负债的增加幅度超过国债内债余额的增加幅度，地方政府直接负债的占比超过国债内债余额，成为中国政府当前承担的最大规模的直接负债，也构成中国政府债务风险的最主要来源之一，这种负债结构变化必须引起重视。** 长期以来，由于 1994 年通过的预算法的限制，地方政府不得举借债务的观念深入人心。 即使 2011 年审计署首次公布关于地方债的全面数据，得到更多关注的也只是带有或有负债性质的融资平台债务，还未能够对地方政府确定需承担的负债有足够的认识，往往认为地方债的主要来源是融资平台债务。 表 39 则表明，当前地方政府直接显性负债的规模已经非常巨大，在负债结构中的重要性也越来越强，必须十分关注这一点。

6.2.3 对或有和隐性负债的分析

或有和隐性负债包括准公共部门发行的债券、地方政府或有负债、国有金融机构不良资产、外债或有（隐性）负债，另外还需要加上社保基金缺口。 由表 26 同样可以计算各部分负债的相

对比例，按照是否计入社保基金缺口得到不同结果，分别如表
40 和表 41 所示。

表40　或有和隐性负债构成 I（不计社保基金缺口，2010～2015 年）

单位：亿元，%

项目		2010 年	2011 年	2012 年
准公共部门发行的债券	金额	57,955.93	72,151.80	85,825.70
	占比	34.29	37.34	39.95
地方政府或有负债	金额	37,718.30	40,084.37	42,598.86
	占比	22.32	20.75	19.83
国有金融机构不良资产	金额	41,687.82	41,630.52	42,280.32
	占比	24.66	21.55	19.68
外债或有（隐性）负债	金额	31,660.48	39,338.23	44,108.04
	占比	18.73	20.36	20.53
项目		2013 年	2014 年	2015 年
准公共部门发行的债券	金额	98,692.97	109,668.24	130,304.89
	占比	40.78	32.45	38.28
地方政府或有负债	金额	70,049.49	86,000.00	86,000.00
	占比	28.94	25.44	25.26
国有金融机构不良资产	金额	43,273.12	42,972.12	44,348.12
	占比	17.88	12.71	13.03
外债或有（隐性）负债	金额	30,017.51	99,366.44	79,780.37
	占比	12.40	29.40	23.43

资料来源：本书计算。

表41　或有隐性负债构成 II（计入社保基金缺口，2010～2015 年）

单位：亿元，%

项目		2010 年	2011 年	2012 年
准公共部门发行的债券	金额	57,955.93	72,151.80	85,825.70
	占比	21.54	24.61	27.26
地方政府或有负债	金额	37,718.30	40,084.37	42,598.86
	占比	14.02	13.67	13.53
国有金融机构不良资产	金额	41,687.82	41,630.52	42,280.32
	占比	15.50	14.20	13.43

续表

项目		2010 年	2011 年	2012 年
外债或有（隐性）负债	金额	31,660.48	39,338.23	44,108.04
	占比	11.77	13.42	14.01
社保基金缺口	金额	100,000.00	100,000.00	100,000.00
	占比	37.17	34.11	31.76

项目		2013 年	2014 年	2015 年
准公共部门发行的债券	金额	98,692.97	109,668.24	130,304.89
	占比	28.85	25.04	29.59
地方政府或有负债	金额	70,049.49	86,000.00	86,000.00
	占比	20.48	19.63	19.53
国有金融机构不良资产	金额	43,273.12	42,972.12	44,348.12
	占比	12.65	9.81	10.07
外债或有（隐性）负债	金额	30,017.51	99,366.44	79,780.37
	占比	8.78	22.69	18.11
社保基金缺口	金额	100,000.00	100,000.00	100,000.00
	占比	29.24	22.83	22.70

资料来源：本书计算。

由表40可知，当不计社保基金缺口时，或有和隐性负债中规模最大的是准公共部门发行的债券，2010～2015年，规模从近5.8万亿元增加至超过13万亿元，增长一倍以上，增速较快，在或有和隐性负债中的占比从约34%提高到约38%。另外是地方政府或有负债，规模从近3.8万亿元增加至8.6万亿元，增速也较快，在或有和隐性负债中的占比从约22%提高到约25%。国有金融机构不良资产规模增长较平缓，在或有和隐性负债中的占比从将近25%下降至约13%，降幅较大。外债或有（隐性）负债则波动较大，特别是由于统计口径变化，2014年较2013年大幅增长，占或有和隐性负债总额的比例则从约19%

增长至约 23% 。

由表 41 可知，如果将社保基金缺口计入，则或有和隐性负债中规模最大的负债 2010 年是社保基金缺口，但其占比不断下降，2014 年准公共部门发行的债券占比居第一位。 其他负债占比随之减小。

准公共部门发行的债券实际上主要反映为政府信用，如果作为直接主体的政策性银行（包括国开行）和中国铁路总公司在相应债券上发生偿债困难，那么政府几乎必然要承担相应的负债。虽然目前看政策性银行和中国铁路总公司财务状况良好，债券违约概率不大，但是由于这部分负债的规模庞大，其蕴含的风险不应忽视。

即使出于参考性目的，本书对社保基金缺口以不变规模引入分析，但社保基金缺口仍然体现了其在或有和隐性负债结构中的重要地位。 并且，社保基金缺口以隐性养老金负债为主，随着中国社会逐渐进入人口老龄化，可以预见社会保基金缺口的规模将呈增长趋势，未来给政府财政带来的负担也将愈加沉重。 可以说，社保基金缺口是未来中国政府最需要重视的风险因素。

2015 年，地方政府或有负债达到 8.6 万亿元，增速很快，在直接显性负债的基础上，进一步增加了地方政府负债的总额，扩大了地方政府的风险。 当然，这部分地方政府负债，全部由地方政府承担的可能性极小，并且根据 2016 年 88 号文的规定，2016 年以后不可能全部由地方政府承担。 基于此，地方政府或有负债所蕴含的实际风险也应该比表 40 和表 41 中所反映的略小一些。 不过，不应就此对地方政府负债的总风险盲目乐观，毕竟地方债中的直接显性负债蕴含的累积风险并不小。

国有金融机构不良资产中，处理因历史问题所形成的不良资产而产生的损失，最终基本都是要由政府财政来承担。这部分损失目前消化的情况不明，但规模是既定的。新发生的不良资产规模较小，未来发展也比较有限，但相对而言不确定性较大，是未来更加需要注意的部分。

外债或有（隐性）负债规模在统计口径变化后急剧增加，但只有在债务人发生偿还困难或违约的情况下，政府才有可能最后兜底。外债或有（隐性）负债风险实现的可能性较低，但可能造成的影响不容忽视。对于任何可能的外债风险，中国政府都不应松懈警惕。

6.3 政府资产负债联合分析

6.3.1 考虑总量的资产负债联合分析

单独对资产方的分析表明中国政府掌控着大量的能够用于抵御的资源，并且结构也较为合理，体现了中国政府较强的抵御能力；而单独对负债方的分析则表明中国政府承担或可能需要承担大量的负债，并且一些负债的增长速度较快，说明中国政府可能面临着较大的债务风险。**为合理地研判中国政府的债务风险状况，必须将政府资产和政府负债综合起来进行分析。**

根据表 22 和表 26 的数据，可以分别计算计入社保基金缺口和不计社保基金缺口等情况下，中国政府总资产、总负债和净资

产的相对规模及变化趋势，由此能够从资产负债总量的角度进行
联合分析。 具体如表 42 和表 43 所示。

表42　资产负债总量分析 I（2010～2015 年）

项目	2010 年	2011 年	2012 年
总资产（亿元）	1,062,400.00	855,129.45	1,018,779.66
总负债 I （亿元）	409,663.91	443,894.36	475,141.09
净资产 I （亿元）	652,736.09	411,235.09	543,638.57
资产负债率 I (%)	38.56	51.91	46.64
GDP（亿元）	413,030.30	489,300.60	540,367.40
净资产 I /GDP(%)	158.04	84.05	100.61
项目	2013 年	2014 年	2015 年
总资产（亿元）	1,135,749.83	1,111,597.99	1,253,599.34
总负债 I （亿元）	542,530.57	694,601.20	700,703.10
净资产 I （亿元）	593,219.26	416,996.79	552,896.24
资产负债率 I (%)	47.77	62.49	55.90
GDP（亿元）	595,244.40	643,974.00	685,505.80
净资产 I /GDP(%)	99.66	64.75	80.66

资料来源：国家统计局、本书计算。

表43　资产负债总量分析 II（2010～2015 年）

项目	2010 年	2011 年	2012 年
总资产（亿元）	1,062,400.00	855,129.45	1,018,779.66
总负债 II （亿元）	309,663.91	343,894.36	375,141.09
净资产 II （亿元）	752,736.09	511,235.09	643,638.57
资产负债率 II (%)	29.15	40.22	36.82
GDP（亿元）	413,030.30	489,300.60	540,367.40
净资产 II /GDP(%)	182.25	104.48	119.11

续表

项目	2013 年	2014 年	2015 年
总资产（亿元）	1,135,749.83	1,111,597.99	1,253,599.34
总负债Ⅱ（亿元）	442,530.57	594,601.20	600,703.10
净资产Ⅱ（亿元）	693,219.26	516,996.79	652,896.24
资产负债率Ⅱ(%)	38.96	53.49	47.92
GDP（亿元）	595,244.40	643,974.00	685,505.80
净资产Ⅱ/GDP(%)	116.46	80.28	95.24

资料来源：国家统计局、本书计算。

　　由表 42 可知，当计入社保基金缺口时，2010～2015 年，中国政府的资产负债率，即总负债对总资产的比率，虽然有所波动变化，但平均看来基本维持在 50% 上下的水平，最低时不到 40%，最高时也仅略超过 60%。 也就是说，中国政府的资产负债率一直处于较低的水平，政府总资产完全可以覆盖政府总负债，并且还有较大的空间。 与此相应的是，中国政府的政府净值（即净资产）波动较剧烈，与当年 GDP 的相对比例变动较大，但平均来看，大致占 GDP 的 80% 以上。 这意味着中国政府在扣除匹配总负债的相应资源之外，还掌握着许多可供利用的资源，保持着应对风险的较好弹性和灵活性。 若不计入社保基金缺口，则资产负债率进一步降低、净资产与 GDP 的比例进一步提高，境况更优。

　　同样地，这也是基于将或有负债全部视作直接负债得到的比较结果，而政府或有负债几乎不可能都转化为直接负债，表 42 和表 43 中的总负债应视作中国政府负债的最大可能值，而实际的政府总负债规模应小得多。 因此，**从总量来看，中国政府的**

总资产完全可以覆盖总负债且还有较大空间；只需审慎处理，中国政府即可有效应对债务风险。

6.3.2 考虑流动性的资产负债联合分析

基于总量的分析表明，**2010~2015 年，中国政府的总资产能够完全地覆盖总负债，即所有负债都有足够的资产作为支撑，因而当前中国政府的债务风险完全可以应对。** 但是，政府总资产并不是全部都适于匹配负债，因为许多资产，特别是主要体现服务潜能的服务性资产中，有些能够实现的经济利益较少，不足以为负债提供足够的支持；有些不适宜转变用途，否则会影响重要的公共服务事务或政府的正常运营，一般不能用于偿还债务；还有些虽然包含较多的经济利益，也能够用于偿还债务、抵御而不至于影响其他用途，但是其提供可供利用资金的速度太慢，或者在变现过程中容易遭受折价损失，因而至少不适合用于支撑短期负债。 从这个角度看，能够用于抵御债务风险的不可能是全部政府资产，而只能是全部政府资产中的一部分，特别是短期内，能够用于抵御债务风险的应当是具备较高流动性的资产。基于此，**在总量分析之外，还需要从流动性的角度对中国政府的资产负债进行综合分析。**

6.3.2.1 较具流动性的资产与或有和隐性负债全部转化为直接负债时的总负债联合分析

所谓流动性，一般来说，包括两层含义。 第一层含义是变现的可能性和变现速度，特别是在需要时能够变现并能够及时变现。第二层含义则是变现时折价的可能和幅度较低，特别是短时间内变现时不容易折价或者折价的幅度在可接受范围以内。

从政府会计准则来看，按照 IPSAS（IFAC，2010，第 46~47 页），流动性资产是指满足四个标准中任何一个标准的资产：第一，在主体的正常运营周期内，预期能够被实现，或被持有用于出售或消耗；第二，被持有主要是为了交易目的；第三，预期在报告日后的 12 个月内被实现；第四，是现金或现金等价物，除非在报告日后至少 12 个月内，在被交换或被使用以清偿债务这两方面受到限制。可见，IPSAS 下流动性资产的标准中的流动性，与一般意义上的流动性相比，主要集中于一般流动性含义的第一层，即变现的可能性和变现速度。这四个标准均涉及变现的可能性，第一条、第三条和第四条标准涉及变现的速度。并且，这四个标准在一定程度上也隐含了一般流动性含义的第二层，即变现时不容易折价和折价幅度较低。根据这一标准，**服务性资产中的政府存款、财力性资产中的国有经济都不同程度地符合流动性资产的标准。**

具体来看，政府存款是现金等价物，符合第四条标准。虽然许多政府存款已经有了相应的预算支出安排，不能用于偿还其他债务，但是对于政府来说，已经安排但还未拨付资金的项目，按照权责发生制原则，就已经产生了相应政府的负债，从这个意义上说这部分政府存款也可以被认为实际上是用于清偿政府债务的。故而在缺乏数据无法进一步区分的条件下，将政府存款全部视作流动性资产来与政府负债进行联合分析是合理的。

国有经济包括企业的国有净资产和金融机构的国有净资产，

在本书框架和估算中，实际上都是政府持有的国有权益，绝大部分是以股权形式存在的，而且许多股权已经存在流动性良好的二级交易市场，所以大体上符合第一条标准。 以下本书就以这两部分资产为基础，从流动性的角度进行资产负债联合分析。

首先，按照表 22 和表 26 的数据，将政府存款、国有经济两项资产分别与计入社保基金缺口和不计入社保基金缺口时的总负债进行对比，结果如表 44 和表 45 所示。

表44　基于流动性的资产负债联合分析 I（2010 ~2015 年）

项目	2010 年	2011 年	2012 年
金融资产（亿元）	100,003.86	144,138.40	168,074.70
国有经济（亿元）	222,312.64	256,158.13	302,266.60
总流动资产（亿元）	322,316.50	400,296.53	470,341.30
总负债 I（计入社保基金缺口）（亿元）	409,663.91	443,894.36	475,141.09
总负债 I/总流动资产（%）	127.10	110.89	101.02
项目	**2013 年**	**2014 年**	**2015 年**
金融资产（亿元）	202,667.49	236,935.01	260,512.31
国有经济（亿元）	344,783.02	400,512.67	457,651.49
总流动资产（亿元）	547,450.51	637,447.68	718,163.80
总负债 I（计入社保基金缺口）（亿元）	542,530.57	694,601.20	700,703.10
总负债 I/总流动资产（%）	99.10	108.97	97.57

资料来源：本书计算。

表45　基于流动性的资产负债联合分析 II（2010 ~2015 年）

项目	2010 年	2011 年	2012 年
金融资产（亿元）	100,003.86	144,138.40	168,074.70
国有经济（亿元）	222,312.64	256,158.13	302,266.60
总流动资产（亿元）	322,316.50	400,296.53	470,341.30

续表

项目	2010 年	2011 年	2012 年
总负债Ⅱ（不计社保基金缺口）（亿元）	309,663.91	343,894.36	375,141.09
总负债Ⅱ/总流动资产(%)	96.07	85.91	79.76

项目	2013 年	2014 年	2015 年
金融资产（亿元）	202,667.49	236,935.01	260,512.31
国有经济（亿元）	344,783.02	400,512.67	457,651.49
总流动资产（亿元）	547,450.51	637,447.68	718,163.80
总负债Ⅱ（不计社保基金缺口）（亿元）	442,530.57	594,601.20	600,703.10
总负债Ⅱ/总流动资产(%)	80.83	93.28	83.64

资料来源：本书计算。

由表 44 可知，当只考虑较具流动性的资产时，情况与考虑总资产时有了很大不同。2010～2015 年，如果计入社保基金缺口，平均来看，中国政府的总负债与总流动资产的比率超过了 100% 的水平，最高达到超过 125%；最低接近 98%。**这说明当只考虑较具流动性的资产时，中国政府资产很难覆盖所有的政府负债，出现了风险敞口。**

即使不考虑社保基金缺口，情况也没有很大好转。由表 45 可知，不考虑社保基金缺口时，2010～2015 年，平均来看，中国政府的总负债与总流动资产的比率超过 85% 的水平，最高超过 95%，最低也几乎达到 80%。**这说明中国政府掌控的抵御债务风险能力最强的资源，已经大部分用于匹配政府负债了，所余留的回旋空间比较小；一旦发生较大波动，政府可能难以及时进行应对。**

6.3.2.2 较具流动性的资产与或有负债未全部转化为直接负债时的总负债的联合分析

较具流动性资产与总负债的联合分析表明中国政府面临的债务风险情况较为严重。但是，只对政府资产进行约束的做法并不全面。一是以流动性资产来匹配所有负债，事实上扩大了债务风险的严重性。因为政府负债的期限并不都是相同或相近的，当期负债带来的风险与未来负债带来的风险一般来说不会简单叠加。这样，流动性资产真正需要匹配的，大多数情况下只是短期负债；而对于长期负债，政府完全能够通过对流动性较差的长期资产进行调整，来获得匹配长期负债的资源。由此可见，如果流动性资产仅需要匹配短期负债，会比用流动性资产匹配所有政府负债时的风险状况要改善许多。

二是并非所有或有负债都会转化成直接负债，前文将所有或有负债都视作直接负债处理，也扩大了债务风险。由于数据可得性的限制，本书难以从债务的期限结构进行分析，因此本部分只考虑或有负债未全部转化为直接负债的情况。具体而言，本书对或有负债按不同转化比率，分别假设或有负债转化为直接负债的比率为 25%、50% 和 75%，来进一步分析不同情形下政府面临的债务风险。另外，社会保障基金缺口在性质上属于直接隐性负债，是政府未来必然会承担的负债，虽然是隐性负债，但不属于或有负债，因此接下来的分析依然按计入社保基金缺口和不计入社保基金缺口两种情况进行。不同或有负债转化比率下的结果见表 46 和表 47，按是否计入社保基金缺口对按不同比率转化或有负债后的风险情况分析见表 48 和表 49。

表46　或有负债不同转化率下的总负债（不计社保基金缺口，2010～2015年）

单位：亿元

或有负债 转化比率	2010年	2011年	2012年	2013年	2014年	2015年
25%	182,897.01	198,990.67	214,031.40	261,005.75	341,096.10	345,378.07
50%	225,152.65	247,291.90	267,734.63	321,514.03	425,597.80	430,486.41
75%	267,408.28	295,593.13	321,437.86	382,022.30	510,099.50	515,594.76

资料来源：本书计算。

表47　或有负债不同转化率下的总负债（计入社保基金缺口，2010～2015年）

单位：亿元

或有负债 转化比率	2010年	2011年	2012年	2013年	2014年	2015年
25%	282,897.01	298,990.67	314,031.40	361,005.75	441,096.10	445,378.07
50%	325,152.65	347,291.90	367,734.63	421,514.03	525,597.80	530,486.41
75%	367,408.28	395,593.13	421,437.86	482,022.30	610,099.50	615,594.76

资料来源：本书计算。

表48　或有负债不同转化率下的资产负债率Ⅰ（不计社保基金缺口，2010～2015年）

项目	2010年	2011年	2012年
总流动资产（亿元）	322,316.50	400,296.53	470,341.30
转化后总负债Ⅰ（25%）（亿元）	182,897.01	198,990.67	214,031.40
转化后总负债Ⅰ/总流动资产（%）	56.74	49.71	45.51
转化后总负债Ⅱ（50%）（亿元）	225,152.65	247,291.90	267,734.63
转化后总负债Ⅱ/总流动资产（%）	69.85	61.78	56.92
转化后总负债Ⅲ（75%）（亿元）	267,408.28	295,593.13	321,437.86
转化后总负债Ⅲ/总流动资产(%)	82.96	73.84	68.34

续表

项目	2013 年	2014 年	2015 年
总流动资产（亿元）	547,450.51	637,447.68	718,163.80
转化后总负债Ⅰ（25%）（亿元）	261,005.75	341,096.10	345,378.07
转化后总负债Ⅰ/总流动资产（%）	47.68	53.51	48.09
转化后总负债Ⅱ（50%）（亿元）	321,514.03	425,597.80	430,486.41
转化后总负债Ⅱ/总流动资产（%）	58.73	66.77	59.94
转化后总负债Ⅲ（75%）（亿元）	382,022.30	510,099.50	515,594.76
转化后总负债Ⅲ/总流动资产(%)	69.78	80.02	71.79

资料来源：本书计算。

表49　或有负债不同转化率下的资产负债率Ⅰ（计入社保基金缺口，2010~2015 年）

项目	2010 年	2011 年	2012 年
总流动资产（亿元）	322,316.50	400,296.53	470,341.30
转化后总负债Ⅰ（25%）（亿元）	282,897.01	298,990.67	314,031.40
转化后总负债Ⅰ/总流动资产(%)	87.77	74.69	66.77
转化后总负债Ⅱ（50%）（亿元）	325,152.65	347,291.90	367,734.63
转化后总负债Ⅱ/总流动资产(%)	100.88	86.76	78.18
转化后总负债Ⅲ（75%）（亿元）	367,408.28	395,593.13	421,437.86
转化后总负债Ⅲ/总流动资产(%)	113.99	98.83	89.60

项目	2013 年	2014 年	2015 年
总流动资产（亿元）	547,450.51	637,447.68	718,163.80
转化后总负债Ⅰ（25%）（亿元）	361,005.75	441,096.10	445,378.07
转化后总负债Ⅰ/总流动资产(%)	65.94	69.20	62.02
转化后总负债Ⅱ（50%）（亿元）	421,514.03	525,597.80	530,486.41
转化后总负债Ⅱ/总流动资产(%)	77.00	82.45	73.87
转化后总负债Ⅲ（75%）（亿元）	482,022.30	610,099.50	615,594.76
转化后总负债Ⅲ/总流动资产(%)	88.05	95.71	85.72

资料来源：本书计算。

　　由表 48 和表 49 可知，当或有负债只有部分转化为直接显性负债时，中国政府面临的债务风险状况有了较大改善。

　　不计社保基金缺口时，当或有负债转化率为 25% 时，2010～2015 年平均来看，转化后的总负债与流动资产比率基本维持在 50% 左右的水平，此种情形下政府面临的风险较低，与总量分析时的情况类似。当或有负债转化率为 50% 时，转化后的总负债与流动资产比率为 60% 左右的水平，此种情形下政府面临的风险也较低，但需要引起注意。当或有负债转化率为 75% 时，转化后的总负债与流动资产比率为 70% 左右的水平，此种情形下政府面临的风险比前两种情形要高，但依然在可控范围内。

　　如果计入社保基金缺口，债务风险有所提高。当或有负债转化率为 25% 时，2010～2015 年平均来看，转化后的总负债与流动资产比率接近 70% 的水平；当或有负债转化率为 50% 时，转化后的总负债与流动资产比率接近 80% 的水平；当或有负债转化率为 75% 时，转化后的总负债与流动资产比率超过 90% 的水平。

　　综合来看，从对表 48 和表 49 的分析可知，当或有负债转化率在 50% 及以下时，若不考虑社保基金缺口，中国政府面临的债务风险较低；即使考虑社保基金缺口，至少也处于可控范围之内。当或有负债转化率超过 50% 时，即使不考虑社保基金缺口，也必须关注债务风险；如果考虑社保基金缺口，债务风险已经开始触及危险区域。当或有负债转化率达到甚至超过 75% 时，不考虑社保基金缺口，必须开始警惕债务风险；如果考虑社保基金缺口，债务风险已经相当大了。

当然，以上分析没有考虑负债的期限结构，仅以流动性资产去匹配所有期限的负债，客观上具有放大风险的作用。以社保基金缺口为例，虽然是否计入负债会大幅影响对风险的分析结果，但是社保基金缺口毕竟是一项长期才会明显体现出来的负债，不可能在短期内就全部兑现。因此，从流动性资产角度看，当或有负债转化率在 50% 及以下时，中国政府面临的债务风险都较低；当或有负债转化率超过 50% 但在 75% 以下时，中国政府面临的债务风险都在可控范围内；当或有负债转化率达到 75% 时，中国政府面临的债务风险开始突破临界点，进入危险的区域，需要引起高度关注。

6.4　本章小结

基于本书构建并估算的中国政府资产负债表，本章对 2010～2015 年中国政府整体的资产负债状况进行分析。结果显示，若单从资产方看，中国政府整体的资产规模巨大，结构也比较合理，对于抵御债务风险比较有利。若单从负债方看，中国政府负债的规模也较大，若与 GDP 比较则已经超过 60% 的警戒线，蕴含的风险较大。整体上，政府负债的结构以或有和隐性负债为主，这一方面降低了债务风险的大小，另一方面也增加了债务风险的不确定性。

本章对中国政府整体资产和负债联合分析的情况表明，从总量上看，无论是否计入社保基金缺口，当前中国政府整体的总资产都可以完全覆盖总负债且还有较大空间，中国政府拥有足够的抵御债务风险的能力，只需审慎处理，就能有效应对债务风险。

从流动性角度考虑，即仅考虑政府资产中最具流动性的资产与政府负债的匹配情况，则无论是否计入社保基金缺口，中国政府整体的资产负债率都有较大提高。 但是只对资产进行限制并不全面，会扩大债务风险，因为流动性资产所应当匹配的并非全部负债。 在数据可得性限制的情况下，本章进一步对或有负债按不同转化率转化为直接负债时的情况，进行了资产负债联合分析。 结果表明，从流动性资产角度看，当或有负债转化率在50%及以下时，中国政府面临的债务风险都较低；当或有负债转化率超过50%但在75%以下时，中国政府面临的债务风险都在可控范围内；当或有负债转化率达到75%时，中国政府面临的债务风险开始突破临界点，进入危险的区域，需要引起高度关注。

7 ___
中国地方政府资产负债表探索

　　考察地方政府资产负债表最主要的困难在于涉及对中央和地方划分的问题。 目前对政府负债在中央和地方之间划分的理解比较一致；但对于地方政府资产的划分则存在较大争议，特别是对于地方政府占用的，但法律规定由国务院行使所有权的国有资产是不是地方政府资产，有许多不同意见。 因此，本部分不对地方政府负债展开理论探讨，仅对地方政府资产进行理论分析。

　　本书基于前文的分析思路，通过对分析框架和内容进行一定的修正来对中国地方政府资产负债表进行探索。 首先，确定地方政府资产的定义，以明确将政府资产和政府负债在中央与地方之间划分的依据。 其次，基于定义进行分析，调整、梳理出应当分属于地方政府的资产项目，与地方政府负债项目共同形成地方政府资产负债表框架，并相应估算各项地方资产和负债的规模。 最后，再基于估算结果对地方政府债务风险进行研判。

7.1　中国地方政府资产的定义

　　前文中对中国政府资产的定义为：由中国政府控制的包含经济利益或服务潜能的资源。 其中，中国政府这一主体包含整体主体和具体主体两层含义，前者是后者的集合，后者包括行政单位、非营利性事业单位、使用行政事业编制或经费来源主要是国家财政拨款的社会团体，以及主要资金来源为国家拨款的基金会等相关组织。 后者还包括社保基金，但不包括中央银行。 控制是指中国政府能够从相应资源中获得经济利益或服务潜能，同时能够制约其他主体获得相应的经济利益或服务潜能。

基于这一定义，从地方政府的角度进行相应的调整，就可以自然地衍生出中国地方政府资产的定义。 政府资产的定义具有四个基本要素：资源、主体、控制、经济利益或服务潜能。 以下对各要素逐个从地方政府角度进行分析。

第一，资源。 政府资产是一种资源，这是政府资产的物质性要素，地方政府资产也必然是一种资源。 因此该要素不需要调整。

第二，主体。 显然，地方政府资产的主体不应是中国政府整体，而应当仅限于除了中央政府各部门、中央部门附属单位、中央级事业单位，其他相关中央机构以外的地方政府。 也包括地方政府整体主体和具体主体两个层面。 具体主体包括各级地方政府、地方行政单位和非营利性事业单位、使用行政事业编制或经费来源主要是国家财政拨款的地方性社会团体等相关单位。 其外，还应当包括地方政府管理的社会保障基金，但不包括地方级中央银行。

第三，控制。 控制作为政府资产定义的本质特征，无论是从政府整体、中央政府还是地方政府的角度考虑，其内涵都不会发生变化。 唯一的区别就是从地方政府角度考虑，实施控制，或者具备控制能力的主体是地方政府。 因此，在地方政府资产定义中，控制是指地方政府能够从相应的资源中获得经济利益或服务潜能，同时能够限制其他主体从该资源中获得相应的经济利益或服务。 需要注意的是，从地方政府资产的角度考虑，特别是考虑到政府资产在中央和地方的划分，这里的其他主体，应当包括中央政府。

第四，经济利益或服务潜能。 对于政府资产来说，经济利益或服务潜能是政府资产的另一个本质特征，因此从地方政府角度考虑，政府资产定义中的经济利益或服务潜能也不会发生变化。

综上所述，**中国地方政府资产可定义为由地方政府控制的包含经济利益或服务潜能的资源。** 其中主体为地方政府，包括地方政府整体主体和具体主体两个层面。 控制是指地方政府能够从相应的资源中获得经济利益或服务潜能，同时能够限制其他主体（包括中央政府）从该资源中获得相应的经济利益或服务。

7.2　中国地方政府资产负债表的项目划分及框架调整

对于政府资产负债在中央、地方之间的划分，主要争议在于资产，而对于负债的划分则较少有争议。 因此，本部分主要讨论政府资产在中央和地方之间的划分。

由地方政府资产的定义可知，地方政府资产与中央政府资产的显著区别在于资产定义中的各相关主体不同，地方政府资产中的相关主体是地方政府整体主体和具体主体，而中央政府资产的

主体是中央政府整体主体和具体主体。 进一步地，再考虑到政
府资产定义的本质特征是控制，以及经济利益或服务潜能，可
知，政府资产在中央和地方之间划分的关键，应在于中央政府和
地方政府对于资产所包含经济利益或服务的控制。 因此，一项
政府资产应划分为中央政府资产还是地方政府资产，应当以其受
中央政府和地方政府控制的情况为标准。 即一项政府资产划归
地方政府资产范畴的依据是其受地方政府控制，以此来逐项分析
表 4 中的各资产项目并进行相应调整，以确定地方政府资产负债
表框架的资产方项目。

7.2.1　资产方调整

对于金融资产，财政性金融资产主要指财政部门控制的金融
资产，包括现金、银行存款、有价证券等。 从地方政府控制的
角度考虑，只需将主体的范围缩小至地方财政部门即可。 全国
社保基金是中央政府集中的国家战略储备基金，显然是中央政府
控制的，故不应在地方政府资产负债表中出现，该子项需剔除。
其他金融资产指除财政部门以外的其他政府主体控制的金融资
产，同财政性金融资产类似，只需将主体范围缩小至地方政府即
可。 这样，经调整后金融资产项目的子项可归结为两项。 一是
地方财政性金融资产，指地方财政部门掌控的现金、银行存款、
有价证券等资产；二是其他地方金融资产，指除地方财政部门以
外的其他地方政府主体控制的金融资产，包括地方社保基金的
资产。

对于固定资产，包括基础设施和其他固定资产。 其他固定

资产大多属于通常所谓的非经营性国有资产，主要由行政事业单位或社会团体等组织占有、使用，如各种办公大楼等。 按照《行政单位国有资产管理暂行办法》（财政部令 2006 年第 35 号）和《事业单位国有资产管理暂行办法》（财政部令 2006 年第 36 号），行政事业单位国有资产均实行国家统一所有，政府分级监管，单位占有、使用的管理体制。 因此，从地方政府控制的角度看，其他固定资产中，剔除掉中央政府监管，中央级单位占有、使用的国有固定资产后，剩余的固定资产就应当属于地方政府资产，并纳入资产方。

基础设施的性质比较复杂。 一方面，一些基础设施可能在相关企业资产负债表中已有反映。 另一方面，未反映在相关企业资产负债表中的基础设施，既有完全由中央政府投资或完全由地方政府投资的基础设施，也有由中央和地方政府共同投资的基础设施，还有通过 BOT 等方式建设且政府已经取得所有权的基础设施。 对于在企业资产负债表中反映的基础设施，按照表 4 的框架，企业的国有净资产中应当包含了这部分基础设施，出于避免重复的考虑应当予以剔除。 其余基础设施，对于完全由中央投资建成的基础设施，以及通过 BOT 等方式建设且所有权由中央取得的基础设施，视作中央政府资产比较合理。 对于完全由地方政府投资建成的基础设施，以及通过 BOT 等方式建设且所有权由地方取得的基础设施，视作地方政府资产较为合适。对于中央和地方共同投资的基础设施，从控制角度考虑，如果是重大的基础设施，或者是跨地区、具有较高地区外溢性的基础设施则应划归中央政府资产；如果是地区性的、本地受益的基础设

施，则应当划归地方政府资产。 如果难以判断的，可以划归出
资较多的一方。

这样，固定资产经过调整之后，其子项仍为两项。 一是地
方运营性固定资产，指地方政府主体占有、使用的国有固定资
产，主要用于维持政府运营以及提供公共服务；二是地方性基础
设施，包括完全由地方政府投资建成的基础设施、通过 BOT 等
方式建设且所有权由地方取得的基础设施，以及中央、地方共同
投资，但属于地区性的、本地受益的基础设施。

存货及相关资产和无形资产方面，由地方政府控制的部分，
即为地方政府资产，一般来说对应的是地方行政事业单位、社会
团体等占有或使用的存货及相关资产、无形资产。 由于归属相
对明确，所以对于表 4 中的这两项原有资产项目不需要做特别
改动。

国有经济的处理比较简单，直接按照国有权益的出资人来划
分应归属于地方政府的部分，仍为两个子项。 一是企业的地方
国有净资产，反映企业的国有净资产中由地方政府控制的部分；
二是金融机构的地方国有净资产，反映金融机构的国有净资产中
由地方政府控制的部分。

资源性资产的情况也比较复杂。 由表 4 可知，资源性资产
包括土地资产、矿产资产、森林资产和水资产。 现行《中华人
民共和国土地管理法》（以下简称《土地管理法》）规定，中国
全民所有之土地（即国家所有土地）的所有权由国务院代表国家
行使。 现行《中华人民共和国矿产资源法》（以下简称《矿产
资源法》）规定，矿产资源属于国家所有，由国务院行使国家对

矿产资源的所有权。 现行《中华人民共和国森林法》（以下简称《森林法》）规定森林资源属于国家所有，由法律规定属于集体所有的除外。 现行《中华人民共和国水法》（以下简称《水法》）规定，水资源属于国家所有，水资源的所有权由国务院代表国家行使。

根据以上法律的相关规定，由于国务院即中央政府代表国家行使对国有土地、矿产资源和水这三项资源性资产的所有权，从表面上看，资源性资产都应属于中央政府资产，但事实并非完全如此。 必须注意的是，上述三项资源性资产相关法律所规定的所有权主体，既不是中央政府，也不是地方政府，而是国家。前文已述，国家和政府不是等价的概念；并且，从上述法律相关规定也可以明确看出国家和国务院是有分别的。 也就是说，国务院代表国家行使所有权，与国务院拥有所有权并非是同一概念，因此没有足够的理由仅仅从所有权角度就将这三项资源性资产全部划归中央政府资产。 具体的判断，还是必须回到政府资产、地方政府资产的定义中来，也就是回到控制的标准上来。按照现行涉及国有资源收益中央地方分配的法律法规及政策性文件，如《国务院关于实行分税制财政管理体制的决定》、《中华人民共和国土地管理法》和《矿产资源补偿费征收管理规定》等，地方政府可以获得相当一部分资源性资产所包含的经济利益；同时，由于这种分配是法定的，地方政府也能够制约包括中央政府在内的其他主体获得相应的经济利益。 基于此，地方政府能够控制的资源性资产收益，就代表了应当归属于地方政府的资源性资产。 这样，资源性资产中应当划归地方政府资产的子项，就可以相应调整为地方收益土地资产、地方收益矿产资产、地方收益森林资产和地方收益水资产。

7.2.2 负债方调整

按照表 4，政府负债包括两类。 一是直接显性负债；二是或有和隐性负债。 在这两类负债下所包括的一系列负债项目中，均分别设有地方政府负债，即地方政府直接负债和地方政府担保及救济类负债，这两大类地方政府负债的内涵是由相关政府债务审计报告定义的。 按照审计署 2011 年发布的《全国地方政府性债务审计结果》（2011 年第 35 号），地方政府负债包括三类。 一是政府负有偿还责任的债务；二是政府负有担保责任的或有债务；三是其他相关债务，主要是政府可能承担一定救助责任的债务。 审计署 2013 年发布的《全国政府性债务审计结果》（2013 年第 32 号）对政府性债务的分类基本相同。 从这三项负债的内涵看，第一项即直接显性负债，后两项则都属于或有和隐性负债。 因此，地方政府资负债依然可以按照这两个大类来划分。 在具体负债项目的设计上，本书按照审计报告中根据举债主体划分的子项来确定地方政府负债的项目，即融资平台公司负债、政府部门和机构负债、经费补助事业单位负债、国有独资或控股企业负债、自收自支事业单位负债、其他单位负债和公用事业单位负债共七个子项。

7.2.3 中国地方政府资产负债表框架

综合前述对政府资产负债项目在中央和地方之间的划分情

况，就可以得到构建的地方政府资产负债表框架，具体如表 50 所示。

表50　中国地方政府资产负债表框架

地方政府资产		地方政府负债	
地方政府服务性资产	地方政府财力性资产	地方政府直接显性负债	地方政府或有和隐性负债
地方政府金融资产：	地方政府国有经济：	融资平台公司负债	融资平台公司负债
地方财政性金融资产	企业的地方国有净资产	政府部门和机构负债	政府部门和机构负债
其他地方金融资产	金融机构的地方国有净资产	经费补助事业单位负债	经费补助事业单位负债
地方政府固定资产：	地方政府资源性资产：	国有独资或控股企业负债	国有独资或控股企业负债
地方运营性固定资产	地方收益土地资产	自收自支事业单位负债	自收自支事业单位负债
地方基础设施	地方收益矿产资产	其他单位负债	其他单位负债
	地方收益森林资产	公用事业单位负债	公用事业单位负债
	地方收益水资产		
地方政府存货及相关资产			
地方政府无形资产	地方政府无形资产		
其他地方政府资产		其他地方政府负债	
地方政府资产总计		地方政府负债总计	
地方政府净值			

注：地方政府净值为地方政府资产总计和地方政府负债总计的差额。 其他地方政府资产和其他地方政府负债是两个调整项目，用以反映可能存在的、本书未考虑到的地方政府资产和负债。

7.3　中国地方政府资产规模

基于上述分析可以估算中国地方政府资产负债表的规模。本书对地方政府资产负债表的估算同样遵循现实性、谨慎性等原则，并仅以 2015 年为例说明估算的方法和过程，最后给出 2010 ～ 2015 年的所有估算结果。 由于地方政府负债大多数已经有现成的官方数据，因此本书只估算地方政府资产的规模。 此外，由于 2013 年以后，无法按照表 50 的负债项目一一获得官方数据，只能获得一般债务和专项债务的官方数据，按照现实性和谨慎性原则，本部分不按照框架对每一个负债项目一一进行估算，而是统一按照地方政府直接负债、地方政府或有和隐性负债两个大类来处理。

7.3.1　地方政府服务性资产

7.3.1.1　地方政府金融资产

按照表 50，地方政府金融资产包括地方财政性金融资产和其他地方金融资产两项，前者指地方财政部门掌控的现金、银行存款、有价证券等；后者指除地方财政部门以外的其他地方政府资产主体的金融资产，包括地方社保基金资产。

对地方财政性金融资产仅估算财政存款，这也是地方财政性金融资产的主要组成部分，理由详见后文。 从数据来源看，财政存款仅能直接获得全国整体的统计数据，而没有对中央、地方分别统计的数据。 基于此，本书计算财政存款时，先确定一个合适的地方政府存款所占的比例，然后乘以全国的财政存款来估算出最终结果。

关于合适的地方政府存款所占比例。分析财政存款的来源，可以发现其与预算资金和财政支出有很大关系。从一段时间看，若仅考虑预算财政支出，则支出越多，相关预算资金所形成的政府存款就应该越少，即财政支出和财政存款应是负相关关系。但是，如果同时考虑中央和地方财政支出所涉及的预算资金，则对比看，如果地方所使用的预算资金远远多于中央所使用的预算资金，则经由预算资金所形成的财政存款也越多，即从对比角度而言政府存款和财政支出在很大程度上具有正的关联关系。这样，以当年地方支出占中央本级支出与地方支出之和的比例来近似估算地方政府存款是较为合理的选择。故本书用当年地方支出占中央本级支出和地方支出之和的比例，与截至当年末的全国政府存款总额相乘，来近似估算截至每年年末的地方政府存款的规模。

按照《关于 2015 年中央和地方预算执行情况与 2016 年中央和地方预算草案的报告》的数据，容易计算，2015 年地方财政支出占中央和地方财政支出之和的比约为 85.46%。同时，根据央行的《金融机构本外币信贷收支表》，截至 2015 年 12 月财政性存款共计 34,453.34 亿元。因此，按比例估算的截至 2015 年末地方财政性存款约为 29,445.32 亿元（差异由保留小数位太少导致，此结果无误）。

其他地方金融资产主要是地方行政事业单位的现金、存款、有价证券等。《中国会计年鉴》中提供了全国七十多万家预算单位的相关资产数据，但同样未分中央和地方。 采用与估算财政存款相同的思路，先寻找合适的相关地方占比，再结合全国的数据进行估算。 财政部于 2006 年曾经开展过一次全国行政事业单位资产清查工作，清查对象是近 70 万家全国预算单位。 按照财政部提供的数据，清查结果为中央行政事业单位资产约占 15.24%，①故而地方行政事业单位资产约占 84.76%。 考虑到《中国会计年鉴》的统计对象与当时资产清查的统计对象的范畴基本相同，而行政事业单位的这些国有资产一般不容易发生大的变动，因此，在数据可得性受限制的情况下，本书以 2006 年资产清查结果中反映的中央、地方的资产相对比例，来近似估算其他地方金融资产，这符合现实性原则，也具有一定的合理性。按照《中国会计年鉴 2016》的数据，截至 2015 年末，行政事业单位金融资产总计为 77,890.56 亿元，则按比例估算的其他地方金融资产约为 66,020.04 亿元。

另外，《中国会计年鉴》所统计的数据并不包括地方政府管理的社保基金。 按照《中国统计年鉴 2016》，截至 2015 年末，全国的社保基金累计结余为 59,532.50 亿元。 这样，截至 2015 年末的金融资产合计约为 163,868.35 亿元，其中地方财政性金融资产即财政性存款约为 29,445.32 亿元，其他地方金融资产约为 74,890.53 亿元，社保基金结余为 59,532.50 亿元。 具体详见表 51。

---

① 《财政部发言人就行政事业单位资产清查工作答问》,新华网,http://news. xinhuanet. com/fortune/2008 - 01/23/content_7481658. htm,2008。

表51　地方政府金融资产情况（2015 年）

单位：亿元

项目	地方财政性金融资产	其他地方金融资产	社保基金	地方金融资产
金额	29,445.32	74,890.53	59,532.50	163,868.35

资料来源：本书计算。

7.3.1.2　地方政府固定资产、地方政府存货及无形资产

本书采用与估算其他地方金融资产相同的方法，即以 2006 年资产清查结果中地方相关资产所占的比例，与《中国会计年鉴》中全国行政事业单位的各项相应资产的规模相乘，来估算相应的地方政府固定资产、地方政府存货及无形资产的规模。

地方政府固定资产。按照表 50，地方政府固定资产包括地方运营性固定资产和地方基础设施。前者指由地方政府监管，地方级单位占有、使用的国有固定资产，后者指完全由地方政府投资建成的基础设施、通过 BOT 等方式建设且所有权由地方取得的基础设施，以及中央、地方共同投资，但属于地区性的、本地受益基础设施。由于公共基础设施的相关统计数据于 2014 年才开始出现，因此本书统一估算地方政府固定资产，不再分别估算两个子项。按照《中国会计年鉴 2016》，截至 2015 年末，全国近 75 万家预算单位的固定资产（包括公共基础设施等）合计为 130,596.71 亿元。在前述财政部公布的 2006 年资产清查结果中，固定资产中地方所占的比例为 84.82%，因此，截至 2015 年末地方政府固定资产为 110,772.13 亿元。

地方政府存货及相关资产和无形资产，按照表 50，这部分

资产指地方行政事业单位、社会团体等占有和使用的存货及相关资产和无形资产。在前述财政部公布的 2006 年资产清查结果中，未提供这两项资产的地方占比，所以本书采用与估算地方其他金融资产时相同的方法，即以 2006 年资产清查结果中地方行政事业单位资产所占的比例 84.76%，与《中国会计年鉴》中全国行政事业单位存货和无形资产的规模相乘，来估算出地方行政事业单位存货及相关资产和无形资产的总额。根据《中国会计年鉴 2016》，截至 2015 年末全国行政事业单位的存货及相关资产（包括政府储备物资）共计 5,096.71 亿元，无形资产共计 2,321.87 亿元。则截至 2015 年末的地方政府存货及相关资产约为 4,319.97 亿元，地方政府无形资产共计约为 1,968.02 亿元。

7.3.1.3 地方政府服务性资产小结

基于以上估算，就可以得出截至 **2015** 年末中国地方政府服务性资产的相关情况，具体反映在**表 52** 中。

表 52 地方政府服务性资产（2015 年）

单位：亿元

项目	金融资产	固定资产	存货及相关资产	无形资产	服务性资产
金额	163,868.35	110,772.13	4,319.97	1,968.02	280,928.47

资料来源：本书计算。

7.3.2 地方政府财力性资产

7.3.2.1 地方政府国有经济

按照表 50，地方政府国有经济包括企业的地方国有净资产和金融机构的地方国有净资产，分别指企业和金融机构国有净资产中应归属于地方的部分。 与前文对政府整体讨论时的情况一样，在同一框架下考察地方国有经济时，也存在重复的问题。由于重复情况一致，所以本书对地方国有经济估算时，也采用与前文估算整体国有经济时相同的方法来处理重复问题。

考虑重复计算问题，企业的地方国有净资产的规模可以直接使用财政年鉴中的数据。 因为在年鉴的统一口径下，可能存在的企业之间的股权和股票投资造成的重复应当已被剔除。 考虑到企业的地方国有净资产主要集中于地方国有企业，需要采用地方国有企业的相关数据。 根据《中国财政年鉴 2016》，截至2015 年末地方国有企业所有者权益总额为 275,607.4 亿元。 但国有企业的所有者权益和国有资产并不等价，因为企业的地方国有净资产应是地方国有企业所有者权益中归属国家所有的部分，故还需以合适比例来进行估算。 考虑到地方国有企业整体的资产情况与全国国有企业整体的资产情况应具有相似性，故按全国国有资产总量占全国所有者权益的比重来进行估算是合理的。根据财政年鉴中相关数据容易计算，2015 年该比例为 78.38%，从而可以计算截至 2015 年末企业的地方国有净资产约为216,012.68亿元。

对金融机构的地方国有净资产的处理，由于数据可得性的限制，与对政府整体进行考察时一样，也以商业银行作为代表性金融机构。 不同的是，大型商业银行、政策性银行和邮储银行中的国有净资产，大多数应当归属于中央政府资产，而地方国有净资产主要应存在于股份制商业银行中。 对股份制商业银行中地

方国有净资产的考察，只需要估算股份制商业银行中由地方政府
财政部门、持有的权益即可。从对 2015 年 12 家股份制银行年
报的分析可知，截至 2015 年末，股份制银行中地方政府持有的
权益共 679.41 亿元。

综上所述，截至 2016 年末的地方国有经济总额为 216,692.09
亿元，其中企业的地方国有净资产约为 216,012.68 亿元，金融
机构的地方国有净资产约为 679.41 亿元。

7.3.2.2　地方政府收益资源性资产

按照表 50，地方资源性资产包括地方收益土地资产、地方
收益矿产资产、地方收益森林资产和地方收益水资产四项。限
于数据可得性，本书只估算地方收益土地资产以及地方收益矿产
资产中的油气资产这两项资产的规模。

地方收益土地资产的估算思路比较直接。由于前文已经估
算了政府整体的土地资产，因此只需要将政府整体的土地资产
中，属于地方收益的那部分土地资产价值划分出来即可。前文
估算时，是采用每年国有土地成交价款减去出让成本后的纯收益
除以当年出让的国有建设用地面积，计算得到的每平方米土地价
格作为国有土地资产的土地价格；用设市城市城区面积减去建设
用地面积后的剩余土地面积，作为国有土地资产的剩余面积，然
后土地资产规模就可以根据土地出让纯收益和剔除建设用地后国
有土地的面积来估算。

可见，由这种方法估算的土地资产价值，实际上是指新增建
设用地的土地出让纯收益，其中一部分应归属中央。根据《财
政部　国土资源部　中国人民银行关于调整新增建设用地土地有

偿使用费政策等问题的通知》（财综〔2006〕48号），市、县人民政府需缴纳新增建设用地土地有偿使用费，征收范围是："利用总体规划确定的城市（含建制镇）建设用地范围内的新增建设用地（含村庄和集镇新增建设用地）；在土地利用总体规划确定的城市（含建制镇）、村庄和集镇建设用地范围外单独选址、依法以出让等有偿使用方式取得的新增建设用地；在水利水电工程建设中，移民迁建用地占用城市（含建制镇）土地利用总体规划确定的经批准超出原建设用地面积的新增建设用地"，并在中央和省级人民政府之间按30∶70的比例分成。由地方政府资产的定义，地方政府土地资产的价值应当是归属于地方的土地出让纯收益，这就需要扣除中央分成的部分。

按照财综〔2006〕48号文的规定，全国土地被分为15个等别，并规定了每个等别土地相应的有偿使用费征收标准，从一等地的140元/平方米至十五等地的10元/平方米。本书先将现行制度规定的有偿使用费征收标准进行算术平均，得到每平方米新增建设用地的平均有偿使用费约为53.07元/平方米，然后乘以归属土地资产的土地面积得到总的有偿使用费，最后乘以中央分成比例就得到需扣减的部分。[①] 具体到2015年，由表12可知，当年估算的剩余国有土地面积为140,191.44平方公里，因此，相应的应归属于中央的新增建设用地有偿使用费即为74,394.921亿元。这样，从估算的2015年政府整体土地资产中扣除这部分属于中央的土地资产后，剩余的部分即为地方收益土地资产，共

---

① 由于实际中较高等别的土地占比较少，这个估算值是偏高的。

计 371,651.90 亿元。

　　油气资产的估算思路也比较直接，由于前文已经估算了政府整体油气资产的价值，因此同样只需要在政府整体油气资产中扣除掉属于中央政府的部分，剩余部分就是地方收益油气资产。按照前文估算的方法，油气资产的价值是由资源税、矿产资源补偿费和石油特别收益金这三项构成的。其中，石油特别收益金属于中央收入，按定义不包括在地方政府收益的油气资产中，应剔除。资源税和矿产资源补偿费则需按现行制度在中央和地方之间分成，其中，按照《国务院关于实行分税制财政管理体制的决定》，除了海洋石油资源税以外的资源税全部归地方所有。按照《矿产资源补偿费征收管理规定》（1994 年 2 月 27 日国务院令第 150 号发布根据 1997 年 7 月 13 日国务院第 222 号令发布的《国务院关于修改〈矿产资源补偿费征收管理规定〉的决定》修改），在矿产资源补偿费中，中央与省、直辖市的分成比例为5：5，与自治区的分成比例为 4：6。这样，就可以基于前文估算结果，相应扣减应归属中央的部分，以得到地方政府收益的油气资产价值。

　　需要说明的是：中海油是海洋石油企业，其石油产出多数属于海洋石油，故剔除其石油资源税的部分。矿产资源补偿费的分成比例，为简便起见，本书统一按照中央和地方五五分成计算；并且，由于 2014 年 12 月 1 日起"原油、天然气矿产资源补偿费费率降为零"，因此 2014 年和 2015 年对地方收益油气资产只估算资源税对应的部分。

　　具体到 2015 年，根据表 13、表 16、表 17 和表 18 的相关数据，去掉中海油后的石油资源税约为 1,458.98 亿元，天然气资源税为 1,667.05 亿元，二者合计 3,126.03 亿元，则截至 2015 年末，地方收益油气资产共计 3,126.03 亿元。

7.3.2.3 地方财力性资产小结

由以上分析结果，可以得到**截至 2015 年末，中国地方政府财力性资产的情况**，具体如表 53 所示。

表53 地方政府财力性资产（2015 年）

单位：亿元

项目	企业的地方国有净资产	金融机构的地方国有净资产	地方收益土地资产	地方收益油气资产	合计
金额	216,012.68	679.41	371,651.90	3,126.03	591,470.02

资料来源：本书计算。

7.3.3 估算的中国地方政府资产负债表规模（2010～2015年）

按照前述对地方政府资产的估算方法，可以估算出 2010～2015 年的中国地方政府资产总规模；再加上前文已经讨论过的地方政府负债总规模，就可以得到 **2010～2015 年地方政府的总资产、总负债和政府净值的情况**。估算结果见表 54 至表 56。

有两点需说明。一是按照谨慎性原则，本部分同样将地方政府或有负债的转化率设定为 100%；二是社保基金缺口难以明确、清晰地判断是中央政府负债还是地方政府负债，综合考虑，本书在地方政府负债中以各年均为 10 万亿元的参考值纳入社保基金缺口，反映在表 56 的地方政府资产负债表总规模中。 但后文的相关分析中按照计入或不计社保基金缺口两种情形分别讨论。

表54 地方政府资产规模（2010～2015 年）

单位：亿元

项目	2010 年	2011 年	2012 年
服务性资产			
金融资产	84,310.85	96,804.25	108,154.89
固定资产	50,241.70	65,602.73	59,623.66
存货及相关资产	1,318.98	1,783.55	2,213.06
无形资产	434.89	712.74	677.68
小　计	136,306.42	164,903.27	170,669.29
项目	2013 年	2014 年	2015 年
服务性资产			
金融资产	128,884.84	148,839.66	163,868.35
固定资产	64,996.53	98,616.06	110,772.13
存货及相关资产	3,143.28	3,513.54	4,319.97
无形资产	840.82	1,621.29	1,968.02
小　计	197,865.47	252,590.54	280,928.47
项目	2010 年	2011 年	2012 年
财力性资产			
国有经济	88,664.68	108,553.86	133,462.79
资源性资产	650,347.03	345,865.09	430,418.66
小　计	739,011.71	454,418.95	563,881.45
项目	2013 年	2014 年	2015 年
财力性资产			
国有经济	162,141.66	188,640.45	216,692.09
资源性资产	448,084.10	320,587.56	374,777.93
小　计	610,225.76	509,228.01	591,470.02

资料来源：本书计算。

表55　地方政府负债规模（2010～2015年）

单位：亿元

项目	2010年	2011年	2012年	2013年	2014年	2015年
直接显性负债	68,978.68	75,054.79	79,368.60	108,859.17	154,000.00	147,568.37
或有和隐性负债	37,718.30	40,084.37	42,598.86	70,049.49	86,000.00	86,000.00

资料来源：本书计算。

表56　地方政府资产负债表总规模（2010～2015年）

单位：亿元

项目	2010年	2011年	2012年	2013年	2014年	2015年
资产	875,318.13	619,322.22	734,550.74	808,091.23	761,818.56	872,398.49
负债	206,696.98	215,139.16	221,967.46	278,908.66	340,000.00	333,568.37
净资产（净值）	668,621.15	404,183.06	512,583.28	529,182.57	421,818.56	538,830.12

注：本表数据包括社保基金缺口。
资料来源：本书计算。

7.4　中国地方政府资产负债表分析

本书按照与分析中国政府整体资产负债表时一致的思路，对地方政府资产负债表进行分析。

7.4.1　地方政府资产总规模及结构分析

由表56可知，中国地方政府的资产总规模也十分庞大。
2010～2015年，平均来看，中国地方政府总资产的规模占当年
GDP的比例基本维持在120%以上，2015年达到约87万亿元，
几乎1.3倍于2015年GDP总额。具体见表57。

表57　地方政府资产总额及相对规模（2010～2015年）

项目	2010年	2011年	2012年	2013年	2014年	2015年
总资产（亿元）	875,318.13	619,322.22	734,550.74	808,091.23	761,818.56	872,398.49
GDP（亿元）	413,030.30	489,300.60	540,367.40	595,244.40	643,974.00	685,505.80
总资产/GDP（%）	211.93	126.57	135.94	135.76	118.30	127.26

资料来源：国家统计局、前文估算。

同样可以计算地方政府服务性资产和财力性资产的总额，以
及在政府总资产中的占比，具体见表58和表59。

表58　服务性资产总额及相对规模（2010～2015年）

项目	2010年	2011年	2012年	2013年	2014年	2015年
服务性资产（亿元）	136,306.42	164,903.27	170,669.29	197,865.47	252,590.54	280,928.47
总资产（亿元）	875,318.13	619,322.22	734,550.74	808,091.23	761,818.56	872,398.49
在总资产中占比（%）	15.57	26.63	23.23	24.49	33.16	32.20

资料来源：本书计算。

表59　财力性资产总额及相对规模（2010～2015年）

项目	2010年	2011年	2012年	2013年	2014年	2015年
财力性资产（亿元）	739,011.71	454,418.95	563,881.45	610,225.76	509,228.01	591,470.02
总资产（亿元）	875,318.13	619,322.22	734,550.74	808,091.23	761,818.56	872,398.49
在总资产中占比（%）	84.43	73.37	76.77	75.51	66.84	67.80

资料来源：本书计算。

由表58可知，在2015年中国地方政府资产中，服务性资产总额达到近28万亿元，在地方总资产中占比约为32%。2010～2015年，中国地方政府的服务性资产规模增长较快，在总资产中占比也增长较快；但相对规模仍较小，到2015年，服务性资产在总资产中的占比在33%左右。

由表59可知，2015年中国政府资产中，财力性资产总额达到近60万亿元，在总资产中占比超过67%。2010～2015年，中国地方政府财力性资产总额的变化较为剧烈，但平均来看在总资产中占比基本维持在70%左右的水平。

可见，同中国政府整体的情况一样，中国地方政府也呈现资产规模巨大，以财力性资产为主、服务性资产为辅的态势。中国地方政府掌控着比较充足的财力资源。

7.4.2　财力性资产规模及结构分析

按前文估算数据，2010～2015年地方政府财力性资产各组成部分的相对比例如表60至表62所示。

表60　地方政府财力性资产的规模和结构Ⅰ（2010～2015年）

项目	2010年	2011年	2012年
国有经济（亿元）	88,664.68	108,553.86	133,462.79
资源性资产（亿元）	650,347.03	345,865.09	430,418.66
财力性资产合计（亿元）	739,011.71	454,418.95	563,881.45
国有经济占比(%)	12.00	23.89	23.67
资源性资产占比(%)	88.00	76.11	76.33
项目	2013年	2014年	2015年
国有经济（亿元）	162,141.66	188,640.45	216,692.09
资源性资产（亿元）	448,084.10	320,587.56	374,777.93
财力性资产合计（亿元）	610,225.76	509,228.01	591,470.02
国有经济占比(%)	26.57	37.04	36.64
资源性资产占比(%)	73.43	62.96	63.36

资料来源：本书计算。

表61　地方政府国有经济的规模和结构Ⅱ（2010～2015年）

项目	2010年	2011年	2012年
企业的国有净资产（亿元）	88,424.05	108,255.04	133,036.91
金融机构的国有净资产（亿元）	240.63	298.82	425.89
国有经济合计（亿元）	88,664.68	108,553.86	133,462.79
企业的国有净资产(%)	99.73	99.72	99.68
金融机构的国有净资产(%)	0.27	0.28	0.32
项目	2013年	2014年	2015年
企业的国有净资产（亿元）	161,645.69	188,050.12	216,012.68
金融机构的国有净资产（亿元）	495.97	590.33	679.41
国有经济合计（亿元）	162,141.66	188,640.45	216,692.09
企业的国有净资产(%)	99.69	99.69	99.69
金融机构的国有净资产(%)	0.31	0.31	0.31

资料来源：本书计算。

表62　地方政府资源性资产的规模和结构Ⅲ（2010~2015年）

项目	2010 年	2011 年	2012 年
土地资产（亿元）	643,358.48	336,989.52	421,643.04
油气资产（亿元）	6,988.55	8,875.58	8,775.62
资源性资产合计（亿元）	650,347.03	345,865.09	430,418.66
土地资产占比(%)	98.93	97.43	97.96
油气资产占比(%)	1.07	2.57	2.04
项目	2013 年	2014 年	2015 年
土地资产（亿元）	438,950.84	315,511.95	371,651.90
油气资产（亿元）	9,133.26	5,075.61	3,126.03
资源性资产合计（亿元）	448,084.10	320,587.56	374,777.93
土地资产占比(%)	97.96	98.42	99.17
油气资产占比(%)	2.04	1.58	0.83

资料来源：本书计算。

　　由表60可知，在地方政府财力性资产中，国有经济和资源性资产的规模都十分庞大。 2010~2015 年，国有经济从约8.9万亿元增加到超过21万亿元，增长了一倍以上；在财力性资产中的占比，从12%增加到约37%，提高了约25个百分点，增速较快。 资源性资产则经历了较为剧烈的波动过程，从近65万亿元大幅降至不足40万亿元，在财力性资产中的占比从88%下降至约63% 。 总的来看，目前地方政府的财力性资产中，国有经济和资源性资产呈四六开的局面。 这表明当前地方政府财力性资产中，变现能力较低的资源性资产占多数，变现能力较强的国有经济占比较低。 这种资产结构对于地方政府抵御债务风险，特别是短期债务风险，有一定的不利影响。

由表61可知，在地方政府的国有经济中，企业的国有净资产
占据了绝对优势份额，金融机构的国有净资产则很少。 2010～
2015年，企业的地方国有净资产占比都在99%以上，金融机构
的地方国有净资产占比不到1%。 从抵御债务风险的角度看，
这种结构较为有利。 因为前文已述，金融机构的国有净资产用
于抵御风险有较大限制，企业的国有净资产所受到的类似限制则
较少。

从表62可知，在地方政府收益资源性资产中，土地资产占
了绝大部分，油气资产则只占很小部分。 2010～2015年，土地
资产的占比都在97%以上，油气资产占比不到3%且总体呈下降
态势。 这种单一化的资产结构对于抵御债务风险也是不利的，
一旦土地市场出现波动，对地方政府抵御债务风险的能力影响
较大。

7.4.3 地方政府负债总规模及结构分析

依前文所述，社保基金缺口的规模以固定的10万亿元引
入，作为参考进行分析。

由表55、表56可知，地方政府负债的总规模十分庞大。
如果不考虑社保基金缺口，截至2015年末，中国地方政府负债
总额达到233,568.37亿元，如果将社保基金缺口计入，则负债
总额达到333,568.37亿元。 从2010～2015年的发展趋势看，
中国地方政府的负债总额增长较快。 如果不计社保基金缺口，
则从2010年的约10.7万亿元增加至2015年的约23万亿元，增
加了一倍以上；占GDP的比例则从不到26%增加到超过34%。

如果计入社保基金缺口，则从 2010 年的约 20.7 万亿元增加至 2015 年的约 33 万亿元，增加约 60% 以上；占 GPD 的比例则从超过 50% 变化至不到 50%。 具体见表 63。

表63　地方政府负债总额及相对规模（2010～2015 年）

项目	2010 年	2011 年	2012 年
总负债Ⅰ（不计社保基金缺口）（亿元）	106,696.98	115,139.16	121,967.46
GDP（亿元）	413,030.30	489,300.60	540,367.40
总负债Ⅰ/GDP(%)	25.83	23.53	22.57
总负债Ⅱ（计入社保基金缺口）（亿元）	206,696.98	215,139.16	221,967.46
总负债Ⅱ/GDP(%)	50.04	43.97	41.08
项目	2013 年	2014 年	2015 年
总负债Ⅰ（不计社保基金缺口）（亿元）	178,908.66	240,000.00	233,568.37
GDP（亿元）	595,244.40	643,974.00	685,505.80
总负债Ⅰ/GDP(%)	30.06	37.27	34.07
总负债Ⅱ（计入社保基金缺口）（亿元）	278,908.66	340,000.00	333,568.37
总负债Ⅱ/GDP(%)	46.86	52.80	48.66

资料来源：本书计算。

同样也可以分别计算地方政府负债中直接显性负债、或有和隐性负债的占比。 具体见表 64 和表 65。

由表 64 和表 65 可知，在中国地方政府的负债中，直接显性负债规模较大，2010～2015 年，从约 6.9 万亿元增加到约 15 万亿元，增加超过一倍，增速较快。 地方政府的或有和隐性负债

表64　地方政府直接显性负债总额及相对规模（2010～2015 年）

项目	2010 年	2011 年	2012 年
直接显性负债（亿元）	68,978.68	75,054.79	79,368.60
负债总额 I（不计社保基金缺口）（亿元）	106,696.98	115,139.16	121,967.46
在总负债中占比（不计社保基金缺口）(%)	64.65	65.19	65.07
负债总额 II（计入社保基金缺口）（亿元）	206,696.98	215,139.16	221,967.46
在总负债中占比（计入社保基金缺口）(%)	33.37	34.89	35.76
项目	2013 年	2014 年	2015 年
直接显性负债（亿元）	108,859.17	154,000.00	147,568.37
负债总额 I（不计社保基金缺口）（亿元）	178,908.66	240,000.00	233,568.37
在总负债中占比（不计社保基金缺口)(%)	60.85	64.17	63.18
负债总额 II（计入社保基金缺口）（亿元）	278,908.66	340,000.00	333,568.37
在总负债中占比（计入社保基金缺口）(%)	39.03	45.29	44.24

资料来源：本书计算。

表65　地方政府或有和隐性负债总额及相对规模（2010～2015 年）

项目	2010 年	2011 年	2012 年
或有和隐性负债（不计社保基金缺口）（亿元）	37,718.30	40,084.37	42,598.86
或有和隐性负债（计入社保基金缺口）（亿元）	137,718.30	140,084.37	142,598.86

续表

项目	2010 年	2011 年	2012 年
在总负债中占比（不计社保基金缺口）(%)	35.35	34.81	34.93
在总负债中占比（计入社保基金缺口）(%)	66.63	65.11	64.24

项目	2013 年	2014 年	2015 年
或有和隐性负债（不计社保基金缺口）（亿元）	70,049.49	86,000.00	86,000.00
或有和隐性负债（计入社保基金缺口）（亿元）	170,049.49	186,000.00	186,000.00
在总负债中占比（不计社保基金缺口）(%)	39.15	35.83	36.82
在总负债中占比（计入社保基金缺口）(%)	60.97	54.71	55.76

资料来源：本书计算。

的规模也较大，当不计社保基金缺口时，2010～2015 年，从约 3.8 万亿元增加到 8.6 万亿元，增长超过一倍；当计入社保基金缺口时，则从约 13.8 万亿元增加到 18.6 万亿元。

在总负债的内部结构方面，2010～2015 年平均来看，当不计入社保基金缺口时，直接显性负债在总负债中的占比基本维持在 65% 左右，2015 年约为 63%；或有和隐性负债在总负债中的占比基本维持在 35% 左右，2015 年约为 37%。当计入社保基金缺口时，直接显性负债在总负债中的占比有较大幅度的下降，2010 年降至约 33%；此后呈逐步增加趋势，2015 年占比达到约 44%。或有和隐性负债在总负责中的占比则有较大幅度提高，2010 年大幅增加至约 67%；此后呈逐步下降趋势，2015 年占比达到约 56% 。

可见，当不计入社保基金缺口时，中国地方政府的直接显性负债与或有和隐性负债在总负债中的占比大致为 65% 对 35% 的格局。 并且，或有负债的规模和在总负债中的占比在实际中应该更小一些。

当计入社保基金缺口时，情况发生了较大变化，直接显性负债与或有和隐性负债在总负债中的占比变为 35% 对 65% 的格局，与不计入社保基金缺口时的情况正好相反。 此时从整体结构上看，即使考虑或有负债的实际转化率不可能达到 100% ，或有和隐性负债也构成了地方政府负债的主要部分。

7.4.4　考虑总量的地方政府资产负债联合分析

与考察政府整体时相同，也可以分别计算计入社保基金缺口和不计社保基金缺口等情况下，中国地方政府总资产、总负债和净资产的相对规模及变化趋势，由此能够从总量的角度对地方政府的资产负债进行联合分析。 具体如表 66 和表 67 所示。

表66　地方政府资产负债总量联合分析 I（不计社保基金缺口，2010~2015 年）

项目	2010 年	2011 年	2012 年
总资产（亿元）	875,318.13	619,322.22	734,550.74
总负债 I（亿元）	106,696.98	115,139.16	121,967.46
净资产（亿元）	768,621.15	504,183.06	612,583.28
总负债 I/总资产(%)	12.19	18.59	16.60
GDP（亿元）	413,030.30	489,300.60	540,367.40
净资产/GDP(%)	186.09	103.04	113.36

续表

项目	2013 年	2014 年	2015 年
总资产（亿元）	808,091.23	761,818.56	872,398.49
总负债 I（亿元）	178,908.66	240,000.00	233,568.37
净资产（亿元）	629,182.57	521,818.56	638,830.12
总负债 I/总资产(%)	22.14	31.50	26.77
GDP（亿元）	595,244.40	643,974.00	685,505.80
净资产/GDP(%)	105.70	81.03	93.19

资料来源：国家统计局、本书计算。

表67　地方政府资产负债总量联合分析 II（计入社保基金缺口，2010～2015 年）

项目	2010 年	2011 年	2012 年
总资产（亿元）	875,318.13	619,322.22	734,550.74
总负债 II（亿元）	206,696.98	215,139.16	221,967.46
净资产（亿元）	668,621.15	404,183.06	512,583.28
总负债 II/总资产(%)	23.61	34.74	30.22
GDP（亿元）	413,030.30	489,300.60	540,367.40
净资产/GDP(%)	161.88	82.60	94.86
项目	2013 年	2014 年	2015 年
总资产（亿元）	808,091.23	761,818.56	872,398.49
总负债 II（亿元）	278,908.66	340,000.00	333,568.37
净资产（亿元）	529,182.57	421,818.56	538,830.12
总负债 II/总资产(%)	34.51	44.63	38.24
GDP（亿元）	595,244.40	643,974.00	685,505.80
净资产/GDP(%)	88.90	65.50	78.60

资料来源：国家统计局、本书计算。

　　由表66可知，2010～2015年，当不计社保基金缺口时，中国地方政府的资产负债率呈逐步增加的态势，最低时仅约

12%；最高时超过31%，2015年为不到27%。可见，中国地方政府的资产负债率一直处于较低的水平，总资产完全可以覆盖其总负债，并且还有很大空间。与此相应的是，中国地方政府的净资产虽然也有波动，经历了一个先降后升的发展过程，但是一直保持正值且规模较大，与当年GDP的相对比例虽呈逐渐降低的态势，但平均来看大致与当年GDP持平。

由表67可知，2010～2015年，当计入社保基金缺口时，中国地方政府的资产负债率有所提高，平均来看大致在35%的水平，地方政府总资产依然可以覆盖其总负债，并且还有较大空间。此时地方政府净资产的绝对规模也略有缩小，平均来看，与当年GDP的相对比例在80%左右。

可见，从总量角度考虑，无论是否计入社保基金缺口，在扣除匹配总负债所需之外，地方政府还掌握着许多可供利用的资源，面临的债务风险较政府整体更低。同时，这是基于将或有负债全部视作直接负债得到的比较结果，但现实中地方政府或有负债几乎不可能都转化为直接负债，故表65和表66中的总负债应视作中国地方政府负债的最大可能值，而实际的政府总负债规模应小得多。因此，**从总量的角度看，中国地方政府的总资产完全可以覆盖其总负债且还有较大空间，地方政府抵御债务风险的能力较强。**

7.4.5 考虑流动性的地方政府资产负债联合分析

基于总量的分析表明，**2010～2015年**，中国地方政府的总资产能够完全地覆盖总负债，即所有负债都有足够的资产作为支撑，因而债务风险并不大。 但地方政府的资产也不是全部都适于匹配负债，还需要从流动性的角度对中国政府的资产负债进行综合分析。 本部分依然沿用前文对政府整体考察时分析的流动性资产标准，则地方政府流动性资产应包括金融资产和国有经济两部分；同时，与前文分析的思路类似，本部分也分别按不考虑或有负债转化率和考虑或有负债转化率两种情形展开分析。

7.4.5.1 较具流动性的资产与或有负债全部转化为直接负债时的总负债联合分析

按照前文估算的数据，将地方政府的金融资产、国有经济两项资产分别与计入社保基金缺口和不计社保基金缺口时的地方政府总负债进行对比，结果如表 68 和表 69 所示。

表 68 基于流动性的地方政府资产负债联合分析 I
（不计社保基金缺口，2010 ~2015 年）

项目	2010 年	2011 年	2012 年
金融资产（亿元）	84,310.85	96,804.25	108,154.89
国有经济（亿元）	88,664.68	108,553.86	133,462.79
总流动资产（亿元）	172,975.53	205,358.11	241,617.68
总负债 I（亿元）	106,696.98	115,139.16	121,967.46
总负债 I/总流动资产(%)	61.68	56.07	50.48
项目	2013 年	2014 年	2015 年
金融资产（亿元）	128,884.84	148,839.66	163,868.35
国有经济（亿元）	162,141.66	188,640.45	216,692.09
总流动资产（亿元）	291,026.50	337,480.11	380,560.44
总负债 I（亿元）	178,908.66	240,000.00	233,568.37
总负债 I/总流动资产(%)	61.48	71.12	61.37

资料来源：本书计算。

表 69　基于流动性的地方政府资产负债联合分析 Ⅱ
（计入社保基金缺口，2010 ~2015 年）

项目	2010 年	2011 年	2012 年
金融资产（亿元）	84,310.85	96,804.25	108,154.89
国有经济（亿元）	88,664.68	108,553.86	133,462.79
总流动资产（亿元）	172,975.53	205,358.11	241,617.68
总负债Ⅱ（亿元）	206,696.98	215,139.16	221,967.46
总负债Ⅱ/总流动资产(%)	119.49	104.76	91.87
项目	2013 年	2014 年	2015 年
金融资产（亿元）	128,884.84	148,839.66	163,868.35
国有经济（亿元）	162,141.66	188,640.45	216,692.09
总流动资产（亿元）	291,026.50	337,480.11	380,560.44
总负债Ⅱ（亿元）	278,908.66	340,000.00	333,568.37
总负债Ⅱ/总流动资产(%)	95.84	100.75	87.65

资料来源：本书计算。

　　由表 68 可知，当只考虑较具流动性的资产时，情况与考虑总资产时发生了很大变化。 2010 ~ 2015 年，不计社保基金缺口时，地方政府的总负债/总流动资产达到平均约 60% 的水平，高于平均约 20% 的总资产负债率水平。 由表 69 可知，计入社保基金缺口时，地方政府的总负债/总流动资产进一步大幅提升到平均超过 100% 的水平，最高将近 120%，最低也接近 88%。 此时，地方政府的资产很难覆盖其所有的政府负债。 这意味着地方政府掌控的最具有抵御风险能力的资源，并不足以完全覆盖全部的债务风险。

7.4.5.2　较具流动性的资产与或有负债未全部转化为直接负债时的总负债的联合分析

　　只对地方政府资产进行约束的做法也是不全面的，因为短期内地方政府负债并不会一次性全部到期，并且或有负债也不会全部转化成直接负债。 因此，只约束地方政府资产将扩大地方政府的债务风险。 同样地，本部分对地方政府或有负债按 25%、50% 和 75% 的转化率，分析不同情形下地方政府面临的债务风险。 同时依然按计入社保基金缺口和不计社保基金缺口两种情况进行。

具体而言，本部分先给出或有负债不同转化率下地方政府负债的数据，如表 70 所示；然后结合表 70 的地方政府负债规模与地方政府流动性资产，分析不计社保基金缺口时的情况，如表 71 所示；最后结合表 70 的地方政府负债规模与地方政府流动性资产，分析计入社保基金缺口时的情况，如表 72 所示。

表 70　地方政府或有负债不同转化率下结果（2010～2015 年）

项目	2010 年	2011 年	2012 年
直接显性负债（亿元）	68,978.68	75,054.79	79,368.60
或有负债（亿元）	37,718.30	40,084.37	42,598.86
转化率比率 I (%)	25	25	25
转化率后或有负债 I （亿元）	9,429.58	10,021.09	10,649.72
转化率后总负债 I （亿元）	78,408.26	85,075.88	90,018.32
转化率比率 II (%)	50	50	50
转化率后或有负债 II （亿元）	18,859.15	20,042.19	21,299.43
转化率后总负债 II （亿元）	87,837.83	95,096.98	100,668.03
转化率比率 III (%)	75	75	75
转化率后或有负债 III （亿元）	28,288.73	30,063.28	31,949.15
转化率后总负债 III （亿元）	97,267.41	105,118.07	111,317.75

续表

项目	2013 年	2014 年	2015 年
直接显性负债（亿元）	108,859.17	154,000.00	147,568.37
或有负债（亿元）	70,049.49	86,000.00	86,000.00
转化率比率Ⅰ(%)	25	25	25
转化率后或有负债Ⅰ（亿元）	17,512.37	21,500.00	21,500.00
转化率后总负债Ⅰ（亿元）	126,371.54	175,500.00	169,068.37
转化率比率Ⅱ(%)	50	50	50
转化率后或有负债Ⅱ（亿元）	35,024.75	43,000.00	43,000.00
转化率后总负债Ⅱ（亿元）	143,883.92	197,000.00	190,568.37
转化率比率Ⅲ(%)	75	75	75%
转化率后或有负债Ⅲ（亿元）	52,537.12	64,500.00	64,500.00
转化率后总负债Ⅲ（亿元）	161,396.29	218,500.00	212,068.37

资料来源：本书计算。

表71　地方政府或有负债不同转化率下的债务风险情况Ⅰ（2010～2015 年）

项目	2010 年	2011 年	2012 年
总流动资产（亿元）	172,975.53	205,358.11	241,617.68
转化后总负债Ⅰ（25%）（亿元）	78,408.26	85,075.88	90,018.32
转化后总负债Ⅰ/总流动资产（%）	45.33	41.43	37.26
转化后总负债Ⅱ（50%）（亿元）	87,837.83	95,096.98	100,668.03
转化后总负债Ⅱ/总流动资产（%）	50.78	46.31	41.66
转化后总负债Ⅲ（75%）（亿元）	97,267.41	105,118.07	111,317.75
转化后总负债Ⅲ/总流动资产（%）	56.23	51.19	46.07
项目	2013 年	2014 年	2015 年
总流动资产（亿元）	291,026.50	337,480.11	380,560.44
转化后总负债Ⅰ（25%）（亿元）	126,371.54	175,500.00	169,068.37
转化后总负债Ⅰ/总流动资产（%）	43.42	52.00	44.43
转化后总负债Ⅱ（50%）（亿元）	143,883.92	197,000.00	190,568.37
转化后总负债Ⅱ/总流动资产（%）	49.44	58.37	50.08
转化后总负债Ⅲ（75%）（亿元）	161,396.29	218,500.00	212,068.37
转化后总负债Ⅲ/总流动资产（%）	55.46	64.74	55.73

资料来源：本书计算。

表72 地方政府或有负债不同转化率下的债务风险情况 Ⅱ（2010～2015年）

项目	2010 年	2011 年	2012 年
总流动资产（亿元）	172,975.53	205,358.11	241,617.68
转化后总负债Ⅰ（25%）（亿元）	178,408.26	185,075.88	190,018.32
转化后总负债Ⅰ/总流动资产(%)	103.14	90.12	78.64
转化后总负债Ⅱ（50%）（亿元）	187,837.83	195,096.98	200,668.03
转化后总负债Ⅱ/总流动资产(%)	108.59	95.00	83.05
转化后总负债Ⅲ（75%）（亿元）	197,267.41	205,118.07	211,317.75
转化后总负债Ⅲ/总流动资产(%)	114.04	99.88	87.46
项目	2013 年	2014 年	2015 年
总流动资产（亿元）	291,026.50	337,480.11	380,560.44
转化后总负债Ⅰ（25%）（亿元）	226,371.54	275,500.00	269,068.37
转化后总负债Ⅰ/总流动资产(%)	77.78	81.63	70.70
转化后总负债Ⅱ（50%）（亿元）	243,883.92	297,000.00	290,568.37
转化后总负债Ⅱ/总流动资产(%)	83.80	88.01	76.35
转化后总负债Ⅲ（75%）（亿元）	261,396.29	318,500.00	312,068.37
转化后总负债Ⅲ/总流动资产(%)	89.82	94.38	82.00

资料来源：本书计算。

由表71可知，若不计社保基金缺口，当或有负债转化率为25%时，2010～2015年平均来看，转化后的总负债与流动资产的比率基本维持在45%左右的水平，此种情形下地方政府面临的风险较低。 当或有负债转化率为50%时，2010～2015年平均来看，转化后的总负债与流动资产的比率基本维持在50%左右的水平，此种情形下地方政府面临的风险也较低，政府流动性资产在匹配所有政府负债后仍留有较充裕的空间。 当或有负债转化率为75%时，2010～2015年平均来看，转化后的总负债与流动资产的比率维持55%左右的水平，此种情形下地方政府面临的风险总体依然不高。 总体上，不考虑社保基金缺口的情况下，从流动性资产角度看，无论或有负债转化率是 25％、50％还是 75％，地方政府面临的风险都较低。

由表 72 可知，如果计入社保基金缺口，情况发生了较大变化。 2010～2015 年平均来看，当或有负债转化率为 25％时，转化后的总负债与流动资产的比率就基本达到 80％的水平，此时风险已经较高；当或有负债转化率为 50％时，转化后的总负债与流动资产的比率基本达到 90％的水平，此时风险程度更高；当或有负债转化率为 75％时，转化后的总负债与流动资产比率基本达到 95％的程度，此时地方政府控制的流动资产已经很难覆盖所有负债。

综合来看，仅考虑地方政府较具流动性的资产，当不计社保基金缺口时，无论或有负债转化率是 25％、50％还是 75％，地方政府面临的风险都较低。 但如果计入社保基金缺口，那么无论或有负债转化率是 25％、50％还是 75％，地方政府面临的风险都较高。 当然，正如前文所述，这样的分析客观上放大了风险。 因此，**总体上可以认为，仅考虑地方政府较具流动性的资产，当或有负债转化率在 50％及以下时，地方政府面临的风险都在安全可控的范围内；当或有负债转化率超过 50％时，地方政府就开始需要重视乃至警惕债务风险。**

7.5　本章小结

本章对中国地方政府资产负债表进行了探索。 首先构建并估算了中国地方政府资产负债表，然后基于此地方政府资产负债表对 2010～2015 年中国地方政府的债务风险进行分析。 分析结果显示，单独对资产方分析、单独对负债方分析和从总量角度对地方政府资产负债联合分析的结果，与对中国政府整体进行分析的结果很相似，而且总体上地方政府所面临的债务风险更小一些。

对或有负债按不同转化率转化后情况的分析结果表明，总体上，从流动性资产角度看，当或有负债转化率在 50% 及以下时，地方政府面临的债务风险都在安全可控的范围内；当或有负债转化率超过 50% 时，地方政府就开始需要重视乃至警惕债务风险了。

参考文献

中文部分

［1］安国俊：《地方政府融资平台风险与政府债务》，《中国金融》2010 年第 7 期。

［2］财政部：《财政部关于印发〈财政总预算会计制度〉的通知》，财预字〔1997〕287 号，1997a。

［3］财政部：《财政部关于印发〈事业单位会计准则（试行）〉的通知》，财预字〔1997〕286 号，1997b。

［4］财政部：《财政部关于印发〈行政单位会计制度〉的通知》，财预字〔1998〕49 号，1998。

［5］财政部：《事业单位会计准则》，财政部令第 72 号，2012。

［6］财政部：《关于印发行政单位会计制度的通知》，财库〔2013〕218 号，2013。

［7］财政部：《政府会计准则——基本准则》，财政部令第 78 号，2015a。

［8］财政部：《财政部关于印发〈2014 年度权责发生制政府综

合财务报告试编办法〉的通知》，财库〔2015〕57 号，2015b。

[9] 财政部：《关于印发〈财政总预算会计制度〉的通知》，财库〔2015〕192 号，2015c。

[10] 财政部"规范地方政府融资"课题组：《地方政府融资与债务问题研究》，《经济研究参考》1999 年第 47 期。

[11] 曹远征等：《重塑国家资产负债能力》，http://misc. caijing. com. cn/chargeFullNews. jsp？id = 111886688&time = 2012 - 06 - 11&cl = 106，2012。

[12] 陈立齐：《美国政府会计准则研究——对中国政府会计改革的启示》，陈穗红、石英华译，北京：中国财政经济出版社，2009。

[13] 陈念平：《知识、资源与自然的辩证关系》，《资源科学》2007 年第 23 期。

[14] 丛树海、郑春荣：《国家资产负债表：衡量财政状况的补充形式》，《财政研究》2002 年第 1 期。

[15] 樊纲、姚枝仲：《中国财产性生产要素总量与结构的分析》，《经济研究》2002 年第 11 期。

[16] 樊纲：《论"国家综合负债"——兼论如何处理银行不良资产》，《经济研究》1999 年第 5 期。

[17] 樊丽明、李齐云等：《中国地方财政运行分析》，北京：经济科学出版社，2001。

[18] 封北麟：《地方政府投融资平台与地方政府债务研究》，《中国财政》2009 年第 18 期。

［19］冯兴元、李晓佳：《论城市政府负债与市政债券的规则秩序框架》，《管理世界》2005 年第 3 期。

［20］国际会计师联合会（IFAC）编《国际公共部门会计文告手册（2008）》，北京：中国财政经济出版社，2009。

［21］国际会计师联合会编《国际公共部门会计文告手册（2009）》，中国财政经济出版社，2010。

［22］国家发展和改革委员会宏观经济研究院"地方政府融资研究"课题组：《地方政府建设性债务的可持续性研究》，《宏观经济管理》2009 年第 11 期。

［23］国家统计局国民经济核算司编著《中国国民经济核算》，北京：中国统计出版社，2004。

［24］国家统计局国民经济核算司编著《中国资产负债表编制方法》，北京：中国统计出版社，2007。

［25］国家外汇管理局：《全国所欠外债简表——2010 年末》，http://www.safe.gov.cn/，2011。

［26］国土资源部储量司起草《中华人民共和国国家标准：固体矿产地质勘查规范总则（GB/T 13908 - 2002）》。

［27］国土资源部矿产资源储量评审中心石油天然气专业办公室起草《石油天然气资源/储量分类（GB/T 19492 - 2004）》，2004。

［28］国务院：《国务院关于加强地方政府性债务管理的意见》，国发〔2014〕43 号，2014a。

［29］国务院：《国务院关于批转财政部权责发生制政府综合财务报告制度改革方案的通知》，国发〔2014〕63 号，

2014b。

［30］黄萍：《自然资源视角下的传统物权客体理论之反思》，
《江西社会科学》2012 年第 7 期。

［31］黄赟：《论政府资产的界定与确认》，《预算管理与会
计》2007 年第 9 期。

［32］贾康、刘薇等：《中国地方政府债务风险和对策》，《经
济研究参考》2010 年第 14 期。

［33］贾康、苏京春、梁季等：《全面深化财税体制改革之路：
分税制的攻坚克难》，北京：人民出版社，2015。

［34］贾康、赵全厚：《国债适度规模与中国国债的现实规
模》，《经济研究》2000 年第 10 期。

［35］黎旭东：《政府的自然属性和经济属性》，《财政研究》
1998 年第 1 期。

［36］李彬：《"财税体制改革到了攻坚克难阶段"——访全国
政协委员、华夏新供给经济学研究院院长贾康》，《人民
政协报》2015 年 1 月 6 号，第 6 版。

［37］李建发等：《政府财务报告研究》，厦门：厦门大学出版
社，2006。

［38］李迅雷、王虎：《从资产负债表角度来看中国财政政策空
间》，国泰君安证券研究报告，2009。

［39］李扬等：《中国主权资产负债表及其风险评估（上）》，
《经济研究》2012a 年第 6 期。

［40］李扬等：《中国主权资产负债表及其风险评估（下）》，
《经济研究》2012b 年第 7 期。

[41] 李扬等：《中国国家资产负债表 2013》，北京：中国社会科学出版社，2013。

[42] 李扬等：《中国国家资产负债表 2015》，北京：中国社会科学出版社，2015。

[43] 联合国等编《国民经济核算体系（SNA1993）》，国家统计局国民经济核算司译，北京：中国统计出版社，1995。

[44] 联合国等编《国民账户体系 2008》，中国国家统计局国民经济核算司、中国人民大学国民经济核算研究所译，北京：中国统计出版社，2012。

[45] 林国庆：《公共债务·地方财政·经济发展》，博士学位论文，厦门大学，2003。

[46] 刘尚希、赵全厚：《政府债务：风险状况的初步分析》，《管理世界》2002 年第 5 期。

[47] 刘尚希：《财政风险：一个分析框架》，《经济研究》2003 年第 5 期。

[48] 刘尚希：《中国财政风险的制度特征："风险大锅饭"》，《管理世界》2004a 年第 5 期。

[49] 刘尚希：《财政风险：防范的路径与方法》，《财贸经济》2004b 年第 12 期。

[50] 刘尚希：《财政风险：从经济总量角度的分析》，《管理世界》2005 年第 7 期。

[51] 刘少波、黄文青：《中国地方政府隐性债务状况研究》，《财政研究》2008 年第 9 期。

[52] 刘卫先：《论可持续发展视野下自然资源的非财产性》，

《中国人口·环境与资源》2013 年第 23 期。

［53］刘锡良、刘晓辉：《部门（国家）资产负债表与货币危机：文献综述》，《经济学家》2010 年第 9 期。

［54］刘煜辉：《中国政府的真实债务水平到底多高》，http://www.21cbh.com/HTML/2010 – 61/xOMDAwMDE3MTAxOA.html，2010。

［55］陆建桥：《关于加强中国政府会计理论研究的几个问题》，《会计研究》2004 年第 7 期。

［56］马海涛、吕强：《中国地方政府债务风险问题研究》，《财贸经济》2004 年第 2 期。

［57］马骏等：《化解国家资产负债中长期风险》，http://misc.caijing.com.cn/chargeFullNews.jsp? id = 111886697&time =2012 – 06 – 11&cl = 106，2012a。

［58］马骏等：《中国国家资产负债表研究》，北京：社会科学文献出版社，2012b。

［59］马拴友：《中国公共部门债务和赤字的可持续性分析——兼评积极财政政策的不可持续性及其冲击》，《经济研究》2001 年第 8 期。

［60］苗燕：《四大资产管理公司完成政策性不良资产处置》，《上海证券报》2007 年 1 月 16 日，第 A04 版。

［61］沈沛龙、樊欢：《基于可流动性资产负债表的中国政府债务风险研究》，《经济研究》2012 年第 2 期。

［62］孙涛、张晓晶：《开放视角下的国家综合负债风险与市场化分担》，《经济研究》2007 年第 7 期。

［63］汤林闽（执笔）：《中国政府资产负债表：构建及估算》，《经济研究参考》2014 年第 22 期。

［64］汤林闽（执笔）：《中国政府资产负债表（2010 ~ 2013）》，《改革内参·综合》2015 年第 30 期。

［65］汤林闽：《中国政府资产负债表：理论框架与现实选择》，《金融评论》2014a 年第 1 期。

［66］汤林闽：《中国地方政府资产负债表：框架构建及规模估算》，《财政研究》2014b 年第 7 期。

［67］汤林闽：《政府综合财务报告制度建设重点：政府会计准则和政府资产负债表》，《地方财政研究》2015a 年第 9 期。

［68］汤林闽：《政府综合财务报告制度要做好编审协调》，《经济参考报》，2015b 年 10 月 12 日第 8 版。

［69］汤林闽：《中国政府资产规模足以抵御债务风险》，《中国财经报》，2015c 年 8 月 25 日第 7 版。

［70］王丽娅：《宏观经济风险部门间分担与转移研究》，博士学位论文，西南财经大学，2008，

［71］王庆：《中国财政可持续性无需担忧》，《证券时报》2009 年 9 月 14 日，第 A03 版。

［72］肖泽晟：《社会公共财产与国家私产的分野——对中国"自然资源国有"的一种解释》，《浙江学刊》2007 年第 6 期。

［73］杨缅昆：《环境资源核算的若干理论问题》，《统计研究》2006 年第 11 期。

[74] 殷士浩、刘小兵：《政府资产风险：地方财政风险分析的一个新视角》，《财贸研究》2004 年第 4 期。

[75] 余应敏、王曼虹：《基于财政透明度视角的政府财务报告初探》，《中央财经大学学报》2010 年第 1 期。

[76] 张春霖：《如何评估中国政府债务的可持续性》，《经济研究》2000 年第 2 期。

[77] 张国生：《改进中国政府资产负债表的思考》，《财经论丛》2006 年第 3 期。

[78] 张海星：《政府或有债务问题研究》，博士学位论文，东北财经大学，2006。

[79] 张强、陈纪喻：《论地方政府债务风险及政府投融资机制》，《财经理论与实践》1995 年第 5 期。

[80] 张媛：《政府资产计价相关问题探讨》，《广西财经学院学报》2006 年第 4 期。

[81] 赵建勇：《中美资产负债表比较研究》，《经济科学》1999 年第 1 期。

[82] 赵全厚：《风险预警、地方政府性债务管理与财政风险监管体系催生》，《改革》2014 年第 4 期。

[83] 赵志耘、张德勇：《论地方政府或有负债》，《财贸经济》2002 年第 12 期。

[84] 郑春荣：《中国公共部门财力研究》，上海：复旦大学出版社，2003。

[85] 中华人民共和国国家统计局：《中国国民经济核算体系（2002）》，北京：中国统计出版社，2003。

［86］中华人民共和国国家质量监督检验检疫总局中国国家标准化管理委员会：《石油天然气资源/储量分类（GB/T 19492－2004）》，2004。

［87］中华人民共和国中央政府门户网站：《自然资源》，http://www. gov. cn/test/2005 － 07/27/content ＿ 17405. htm，2005a。

［88］中华人民共和国中央政府门户网站：《主要社会团体》，http://www. gov. cn/test/2005 － 05/24/content ＿ 18314. htm，2005b。

［89］朱大兴、郭志强：《关于建立地方政府债务预算的构想》，《财政研究》2001 年第12 期。

英文部分

［1］Allen, Mark, Christoph Rosenberg, Christian Keller, Brad Setser, and Nouriel Roubini "A Balance Sheet Approach to Financial Crisis，" IMF Working Paper，2002.

［2］FASAB， "Statements of Federal Financial Accounting Concepts and Standards，" http://www. fasab. gov/codifica. html，2010.

［3］FASAB, *FASAB Handbook of Federal Accounting Standards and Other Pronouncements*, as Amended, http://www. fasab. gov/codifica. html，2013.

［4］Gray, Dale F. , Robert C. Merton, and Zvi Bodie, "A New Framework for Analyzing and Managing Macrofinancial

Risks of an Economy, " IMF Working Paper, 2006.

[5] Gray, Dale F., Robert C. Merton, and Zvi Bodie, "New Framework for Measuring and Managing Macrofinancial Risk and Financial Stability, " NBER Working Paper, 2007.

[6] Haim, Yair, Roee Levy, "Using the Balance Sheet Approach in Financial Stability Surveillance: Analyzing the Israeli Economy's Resilience to Exchange Rate Risk, " Bank of Israel, 2007.

[7] Hana, Polakova Brixi, "Contingent Government Liabilities: AHidden Riskfor Fiscal Stability, " World Bank Working Paper, 1998.

[8] IFAC, "2010 IFAC Handbook of International Public Sector Accounting Pronouncements, " http://web. ifac. org/publi - cations/ international - public - sector - accounting - standards - board, 2010.

[9] IFAC, *Handbook of International Public Sector Accounting Pronouncements*, 2013 Edition, http://web. ifac. org/publications/ international - public - sector - accounting - standards - board, 2013.

[10] IMF, "Government Finance Statistics Manual 2014, " http://www. imf. org/external/np/sta/gfsm/, 2015.

[11] Larry, B., Zhuang B., "Is China's Local Government Debt A Serious Problem? . TS Research Report, " http://www. trustedsources. co. uk/ezodf/exportPDF/14913, 2007.

图书在版编目（CIP）数据

中国政府资产负债表. 2017 / 杨志勇，张斌主编
. -- 北京：社会科学文献出版社，2017. 10（2018. 2 重印）
ISBN 978 - 7 - 5201 - 1638 - 1

Ⅰ. ①中… Ⅱ. ①杨… ②张… Ⅲ. ①国家行政机关
– 资金平衡表 – 中国 – 2017 Ⅳ. ①F231. 1

中国版本图书馆 CIP 数据核字（2017）第 260893 号

中国政府资产负债表（2017）

主　编／杨志勇　张　斌

出 版 人／谢寿光
项目统筹／恽　薇　陈凤玲
责任编辑／陈凤玲　田　康

出　　版／社会科学文献出版社·经济与管理分社（010）59367226
　　　　　　地址：北京市北三环中路甲 29 号院华龙大厦　邮编：100029
　　　　　　网址：www. ssap. com. cn
发　　行／市场营销中心（010）59367081　59367018
印　　装／三河市东方印刷有限公司

规　　格／开　本：787mm × 1092mm　1/16
　　　　　　印　张：11. 25　字　数：126 千字
版　　次／2017 年 10 月第 1 版　2018 年 2 月第 2 次印刷
书　　号／ISBN 978 - 7 - 5201 - 1638 - 1
定　　价／68. 00 元

本书如有印装质量问题，请与读者服务中心（010 - 59367028）联系